Johannes Werner

Der Kalmück

Das Leben des badischen Hofmalers Feodor Iwanowitsch

verlag regionalkultur

Titel:	Der Kalmück
Untertitel:	Das Leben des badischen Hofmalers Feodor Iwanowitsch
Autor:	Johannes Werner
Herstellung:	verlag regionalkultur
Satz:	Jochen Baumgärtner (vr)
Umschlaggestaltung:	Jochen Baumgärtner (vr)

ISBN 978-3-89735-943-7

Bibliographische Information der Deutschen Bibliothek
Die Deutsche Bibliothek verzeichnet diese Publikation in der Deutschen Nationalbibliographie; detaillierte bibliographische Daten sind im Internet über http://dnb.ddb.de abrufbar.

Diese Publikation ist auf alterungsbeständigem und säurefreiem Papier (TCF nach ISO 9706) gedruckt entsprechend den Frankfurter Forderungen.

Alle Rechte vorbehalten.
© 2016 verlag regionalkultur

verlag regionalkultur
Ubstadt-Weiher · Heidelberg · Neustadt a.d.W. · Basel

Korrespondenzadresse:

Bahnhofstraße 2 · D-76698 Ubstadt-Weiher
Tel.: 07251 36703-0 · Fax 07251 36703-29
E-Mail kontakt@verlag-regionalkultur.de · *Internet* www.verlag-regionalkultur.de

INHALTSVERZEICHNIS

1. Vorsatz	5
2. Spielball der Herrscher	6
3. Unterwegs zur Kunst	14
4. Im Mittelpunkt	18
5. Auf dem Trümmerfeld	27
6. In Lohn und Brot	35
7. Es wird dunkel	49
8. Nachwort	55
Nachweise	56
Literatur	62
Personen	68
Zu den Bildern	73
Anhang: Die Werke	76

Der Kalmück

1. VORSATZ

Wer für den Gegenstand seiner biographischen Unternehmung nicht eine deutliche, auch in der Einschränkung fühlbare Sympathie oder wenigstens Verwandtschaft hegt, wird den Leser kaum überzeugen.

Friedrich Sieburg, Verloren ist kein Wort

Die kirgisische Steppe; dann Irkutsk, Sankt Petersburg, Berlin, Darmstadt, Karlsruhe, Marschlins in der Schweiz, wiederum Karlsruhe, Rom, Bologna, Neapel, Agrigent, Konstantinopel, Athen, Ägina, London, Paris, wiederum Karlsruhe, nochmals Rom, nochmals Neapel, Salerno, endlich wieder Karlsruhe – so heißen die Stationen auf dem Lebensweg des Kalmücken Feodor Iwanowitsch, eines badischen Hofmalers, der überdies ein großer, von den Großen seiner Zeit bewunderter Künstler war. Er glich einem Kometen, der unversehens am Horizont erschien, lange leuchtete und langsam erlosch. Dass man ihn dann vergaß, hat viele Gründe; aber dieses Buch möchte beweisen, dass es noch mehr, und noch bessere, Gründe gibt, wieder an ihn zu erinnern.

2. SPIELBALL DER HERRSCHER

Ich bin nicht imstande, das Land genau anzugeben, aus dem Poggehupp ursprünglich gekommen war. Jedenfalls war es irgendeine barbarische Gegend, von der kein Mensch jemals etwas gehört hatte, und vom Hofe unseres Königs ungeheuer weit entfernt.

Edgar Allen Poe, Poggehupp (Hop-Frog)

Er selber wusste nur noch, dass man ihn einst *in einem großen Lager herumgetragen* und *in einem Zelte* gefangengenommen hatte; sonst nichts mehr. Immerhin stand fest, dass er ein Kalmücke war, also ein Angehöriger jenes westmongolischen Volkes, das am Rande des russischen Reiches lebte und, wie es schien, der Menschheit nicht eben zur Zierde gereichte.

> Die *Kallmucken* – so las man im Jahre 1737 in Zedlers ‚Universal-Lexikon aller Wissenschaften und Künste' – *sind starck, aber ins Gemein heßlicher Gestallt, das Gesicht ist flach und breit, daß von einem Aug zum andern fünff Finger Raum bleibt, die Augen sind klein, die Nase aber so flach, daß man nichts als die Nasenlöcher siehet, die Knie haben sie auswärts gebogen, und die Füße hinein. Kurtz, es ist keine heßlichere Nation als diese.* Eine ganz ähnliche Beschreibung lieferte Johann Gottfried Herder im vorletzten Jahrzehnt des 18. Jahrhunderts; ihr zufolge zeichneten sich die Kalmücken auch durch *das weiße, starke Gebiß aus, das nebst der ganzen Gesichtsbildung ein Raubtier unter den Menschen zu charakterisieren scheinet.* Um 1800 schrieb Karl Julius Weber, dass die tatarischen Völker überdies *durch ihre weit vom Kopfe abstehenden Ohren* auffielen, *und die Ohren der Kalmücken sind die größten.* Zu einer Kultur, wie die übrigen Europäer sie verstanden, hatte das Volk sich noch nicht emporgerungen, was der Autor, ganz im Sinne Rousseaus, jedoch nur loben konnte. *Kalmücken geben uns den anschaulichsten Begriff vom Zustande der ersten Menschheit, und rechtfertigen die Dichter über das Glück derselben. Sie nähren sich von ihren Heerden, kleiden sich in deren Felle, und selbst ihre Hütten sind bedeckt mit Filzen aus Schafwolle. Die Reichen leben nicht auf Kosten der Armen, und beide genießen, mit wenig zufrieden, die Gegenwart ohne Sorgen wegen der Zukunft.*

Unruhig waren die Kalmücken freilich auch; und so schickte Katharina die Große ihre Kosaken gegen sie vor, die im Jahre 1770 in der kirgisischen Steppe einen fünf- bis siebenjährigen Jungen raubten, der angeblich aus einer fürstlichen Familie stammte und in Astrachan geboren worden war. Auf dem langen Wege nach Sankt Petersburg wurde der Junge (die Kalmücken waren Buddhisten) rasch getauft: und zwar in Irkutsk, im griechisch-orthodoxen Ritus und auf den Namen Feodor Iwanowitsch. Unter diesem, aber auch unter anderen, noch zu nennenden Namen wurde er bekannt.

Die Kosaken legten ihren Raub der Zarin zu Füßen; aber warum und wozu? Ob sie wirklich, wie manche meinen, den jungen Feodor zum Pagen heranziehen ließ? Hatte der russische Adel keine Söhne, die sich besser eigneten, auch ansehnlicher waren? Eher war der Kalmücke für sie eine der Raritäten und Kuriositäten, mit denen jeder barocke Herrscher seine Naturalienkabinette, seine Menagerien und seine Orangerien füllte; wenn er, nach dem Geschmack seiner Zeit, ein rechter Herrscher war, dann bestand sein Ehrgeiz ja darin, das Erlesenste und Entlegenste zusammenzutragen, um sich in dessen Glanz zu sonnen; dann erst empfand er sich als einer, dem nicht einmal die fernsten Weltgegenden ihren Tribut verweigerten. Und allzu oft wurde das Seltene, Seltsame auch als das Komische empfunden, wurde es zugleich bestaunt und belacht.

> Der Herrscher *ist von Leuten umgeben, die nur daran denken, ihm Zerstreuung zu verschaffen und ihn zu hindern, über sich nachzudenken.* Denn *ließe man ihn nachdenken und Betrachtungen darüber anstellen, was er ist, so würde dieses langweilige Glück ihm nicht genügen, notwendig würde er der Schau verfallen, was ihn alles bedroht, der Revolten, die sich ereignen könnten, und endlich des Todes und der Krankheiten, die unvermeidlich sind; so daß er, wenn ihm fehlt, was man Zerstreuung nennt, unglücklich ist und unglücklicher als der geringste seiner Untertanen, der spielt und sich zerstreut.* (Die Beschreibung, die Pascal hier gibt, trifft vorzüglich auch auf Katharina zu, die 1762 ihren Gatten, den Zaren Peter III., in einem riskanten Staatsstreich abgesetzt und sich selber zur Zarin ausgerufen hatte.) So umgaben sich die Herrscher gerne mit Narren und mit Zwergen oder mit denen, die beides waren, die die bloße Wirkung ihrer Gestalt durch ein scheinbar drolliges, possierliches Gebaren noch zu steigern vermochten.

Es ist also anzunehmen, dass man dem jungen Feodor eine solche Rolle zugedacht hatte. (Andererseits diente der Zarin *ein Kalmücke, den ich hatte erziehen lassen*, als *Frisierbursche*.) Madame de Staël berichtete noch 1812: *In den Häusern des russischen Adels werden häufig breitgesichtige Kalmücken aufgezogen, so als wolle man von den überwundenen Tartaren Proben aufbewahren. Im Narischkinschen Palast trieben sich zwei oder drei von diesen Halbwilden herum. Solange sie noch jung sind, sehen sie leidlich aus, aber schon mit zwanzig Jahren verlieren sie jeden Reiz; obschon Sklaven, unterhalten sie doch ihre Herrn durch ihre hartnäckige Unfügsamkeit – wie ein Eichhörnchen, das gegen die Stäbe seines Käfigs wütet.*

Katharina scheint an Feodor nicht viel Gefallen gefunden zu haben. Jedenfalls gab sie ihn als Gastgeschenk der Landgräfin Karoline von Hessen-Darmstadt mit, die ihr in Sankt Petersburg einen Besuch abgestattet hatte und um die Jahreswende 1773/74 wieder nach Hause fuhr; begleitet wurde sie von ihrer Tochter Amalie (die andere, Wilhelmine, blieb als Braut des Großfürsten Paul am Zarenhof zurück). Man unterbrach die Reise in Berlin, wo Feodor, den ein eigener Dolmetscher begleitete, durch seine *Tatarische Gestalt* die Aufmerksamkeit Friedrichs des Großen erregte. Der König ließ ihn und den vierjährigen Sohn des Kronprinzen in ein Zimmer bringen, *um selbst unbemerkt zu beobachten, wie sich die beyden, so verschieden organisirten Kinder, die sich durch die Sprache einander nicht verständlich machen konnten, von jeder anderen Gesellschaft entfernt, wechselseitig benehmen würden. Die geheime Beobachtung des Königs ward indeß bald unterbrochen, durch einen Zwist, der sich über das Eigenthum der Spielsachen erhob, welches der Prinz gegen den zugreifenden, übermächtigen Fremdling geltend zu machen suchte, der dagegen, auf gut kalmukisch, das Recht des Stärkeren ausüben wollte.* Wenn Feodor wirklich zum Pagen erzogen worden war, dann offenbar mit wenig Erfolg.

Am hessischen Hof blieb er nur wenige Monate, da die Landgräfin starb und die Prinzessin Amalie noch im Juli desselben Jahres den badischen Erbprinzen Karl Ludwig heiratete; den Kalmücken nahm sie, gewissermaßen als lebendes Heiratsgut, nach Karlsruhe mit.

Konnte man Menschen verschenken? Die ‚Encyclopédie' von Diderot und d'Alembert, deren 17 Bände soeben (von 1751 bis 1765) erschienen waren, widersprach aufs schärfste: es sei nicht erlaubt, einen Menschen *wie ein Tier zu behandeln, mit dem man machen kann, was man will. Die Völker, welche einen Sklaven wie eine Sache behandelten, über die sie nach Belieben verfügen konnten, waren nichts anderes als Barbaren.* Als die ‚Encyclopédie' 1759 verboten wurde, erboten sich zwei angeblich aufgeklärte Herrscher, nämlich Friedrich der Große und Katharina die Große, sie in Berlin und Sankt Petersburg erscheinen zu lassen; derselbe Friedrich, der Feodor auf die Probe stellte, und dieselbe Katharina, die ihn verschenkte. Aber solche Einwände verhallten

> ungehört in einer Zeit, in der die deutschen Fürsten ihre Untertanen zu Zehntausenden als Kanonenfutter ins Ausland verkauften. Johann Gottfried Seume, der 1763, also wohl im selben Jahr wie Feodor, geboren wurde, musste dieses Schicksal am eigenen Leibe erfahren. *Die Geschichte und Periode ist bekannt genug: niemand war damals vor den Handlangern des Seelenverkäufers sicher; Überredung, List, Betrug, Gewalt, alles galt. Man fragte nicht nach den Mitteln zu dem verdammlichen Zwecke.*

In Karlsruhe wusste man wohl nicht so recht, was man mit Feodor anfangen sollte. Man gab ihn in die Obhut *guter Leute*, die für ihn sorgten, und zog ihn zuweilen an den Hof, wo man ihn wieder wie ein Wundertier betrachtete. So versteht es sich, dass sich Amalie bei Karl Ludwig am 9. Juli 1775 für *die guten Nachrichten von Feodor und den Papageien* bedankte. Exoten waren eben empfindlich und bedurften sorgfältiger Pflege. Wie ein Äffchen oder Hündchen steht Feodor neben ihr auf einem Bild, das sie etwa zur selben Zeit von sich malen ließ, und zwar von dem Hofmaler Joseph Wolfgang Hauwiller, der auf gleiche Weise ihre Schwiegermutter, die Markgräfin Karoline Luise, mit einem Mohrenknaben porträtierte.

Aber der chinesische Zopf, den Feodor auf jenem Bild trägt, verweist zugleich auf die auch in Karlsruhe herrschende Mode, in die er perfekt passte. Wer damals den Karlsruher Schlossgarten durchstreifte, sah sich, wie es in einem Reisebericht aus dem Jahre 1791 heißt, unversehens *in eine chinesische Gegend versetzt; indem man vermittels rauher Felsenstufen auf eine mäßige Anhöhe hinansteigt, worauf ein nicht prächtiges, aber niedliches und geschmackvoll ausmeublirtes, chinesisches Sommerhäuschen steht.* Dieses Sommerhäuschen ist zwar verschwunden, aber ganz in seiner Nähe stand und steht noch immer ein anderes, ähnliches, und unweit von ihm steht auch noch das sogenannte Fasanenschlösschen mit seinen beiden Pavillons, deren Fassaden sinnigerweise mit stilisierten Palmen bemalt sind, und auf deren Dächern chinesische Sitzfiguren mit aufgespannten Schirmen thronen. Der Schirm war nämlich eine Erfindung der Chinesen, die sich erst damals in Europa verbreitete.

Und wofür wurden diese Gebäude gebaut, wofür genutzt? Die hohen Herrschaften tranken in ihnen Tee, eben jenen Tee, der im 17. Jahrhundert aus China nach Europa gekommen und hier sehr schnell bekannt und beliebt geworden war. Und natürlich tranken die hohen Herrschaften auch in Karlsruhe ihren Tee aus porzellanenen Kännchen, Tässchen und Schälchen; sie wurden zu unvorstellbaren Preisen aus China eingeführt, bis es gelang, sie auch hierzulande herzustellen. Vorher musste man sich mit gröberer Ware, der sogenannten Fayence, behelfen, und Markgraf Wilhelm fertigte sie in seiner eigens gegründeten Manufaktur in Durlach an, die ihre Erzeugnisse mit chinesischen Motiven, sogenannten Chinoiserien, nach Augsburger Stichen schmückte. Vielleicht, dass Feodor, der Kalmücke mit dem chinesischen Zopf, bei solchen Gelegenheiten aufwarten musste.

> Die Rede war bisher von den Markgrafen von Baden-Durlach, die inzwischen in Karlsruhe residierten; aber auch die von Baden-Baden, die ihren Hauptsitz in Rastatt genommen hatten, standen nicht zurück, ja waren sogar schon vorangegangen. Zwar nicht im dortigen Schloss, aber in dem Lustschlösschen Favorite, das sich die Markgräfin Augusta Sibylla von 1710 bis 1712 erbauen ließ, gab es ein ‚Chinesisches Zimmer'. Die Wände waren *mit blauem chinesischem Papier bezogen*, und auf ihnen war *eine Reihe chinesischer*

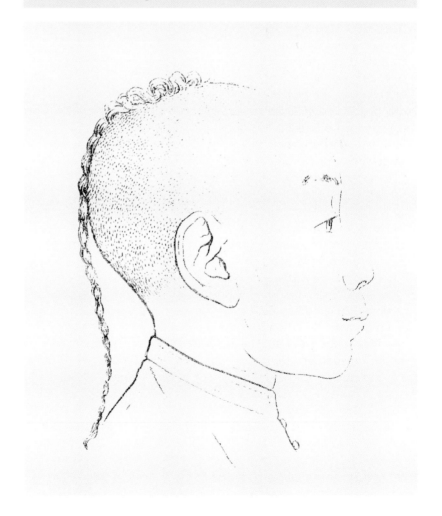

Figuren von Papiermaché angebracht. Chinoiserien schmückten den Kamin und die Decke dieses wie auch des nächsten Raumes. Ein eigenes ‚Porcellan Zimmer' gab es auch, das Hunderte und Aberhunderte von ausgewählten Stücken enthielt. In Rastatt ließ dieselbe Markgräfin 1722 die sogenannte ‚Pagodenburg' erbauen. Und am 11. Januar 1729, und in Ettlingen, veranstaltete sie ein chinesisches Fest, das der Augsburger Kunstverleger Johann Christian Leopold immerhin so bemerkenswert fand, dass er es auf 23 Kupferstichen festhalten und verbreiten ließ; denn, wie er schrieb, *die Chinesisch und Japanische Kaijser würden selber in vergnügteste Entzückung gesetzet werden, wann sie in einem so weit entfernten teutschen Pallast ihrer Reiche vortrefflichste Seltenheiten so magnific und von einer so hohen Hand so nett rangiret und concentriret erblicken sollten*. Zu sehen war da etwa *die mit Speissen völlig besetzte Hochfürstliche Panquet-Taffel*, und diese trug, unter anderem, *Pagoden oder Chinesische Vogelfänger mit gemästen Kramets-Vögeln, eine Pyramide mit Chinesischen Sauren-Kraut, nebst einer Chinesischen Confect Schalen und zwei dergleichen Vasen von weisem Wachs, die um und um zur Illumination auf denen Parasols gestanden, eine Pyramide mit Austern, eine Chinesische Pastette und andere auf diese Lands-Art zugerichte Speiße*, und noch manches mehr. Und bei diesem Festmahl traten chinesisch gekleidete Musikanten auf, die auf umgestimmten Instrumenten eine chinesische Musik spielten oder das, was man damals dafür hielt.

Und warum das Ganze? Weil man dort, in der Ferne, das Fremde sah, das wie immer lockte und reizte; aber auch, weil man dort, wie in einem Spiegel, sich selber sah, oder vielmehr sich so sah, wie man gerne sein wollte. Denn *man sucht offensichtlich nicht das Entfernte überhaupt, sondern das, was bei aller Entlegenheit doch mit gutem Grund als verwandt empfunden wird*.

Mit einem chinesischen Zopf erscheint Feodor auch auf dem Porträt, das im Sommer 1776 entstand und das Johann Caspar Lavater als das eines *jungen Calmucken* in seinen ‚Physiognomischen Fragmenten' wiedergab. *Die mißproportionirte Breite des obern Schädels; das einwärts sich Senkende unter dem Haarzopf; die Höhe der schwachen Augenbraune über dem Auge – die beynahe, besonders in der Natur und von vornen, gänzliche Unsichtbarkeit des obern Augenlieds; die Nähe des Auges am Umrisse der Nasenwurzel; die Kleinheit und das Aufwärtsgehende der Nase; und die Länge der Oberlippe – verglichen mit dem Untertheile der Nase, und besonders das beynah ungeheuer große Ohr sind alles charakteristische Züge seiner Nation. Sonst ist dieser Junge voll Bonhomie, Fertig-*

keit, Lebhaftigkeit und trug- und bosheitsloser Wildheit. Ansonsten sei er, wie alle seiner Art, *ein sonderbares Gemisch der feinsten Fähigkeiten, und der untersten Thierheit. Sein Auge verkündigt mit seinem Feuer und Mobilität die reizbarste Seele. Er thut im Kriege Wunder persönlicher Tapferkeit, und ist wieder höchst frey. Kurz es ist keine Stätigkeit in seinen Charakter zu bringen. (...) Uebrigens gleicht er im niedrigen Moralischen dem Mohren, ist geil, diebisch, rachgierig, Lügner und Schmeichler.*

Feodor war, zweifellos, ein Mensch; und doch wollten ihn seine Zeitgenossen, wie sich noch mehrfach zeigen wird, nicht ganz als solchen anerkennen. Eher kam er ihnen wie ein halbes Tier, wie ein Mischwesen vor; wie ein Pan wenn nicht aus den Wäldern, so doch aus der Steppe.

Von Lavaters Deutung ist ohnehin nicht viel zu halten – so wenig wie von der Physiognomik überhaupt, d.h. von der angeblichen Fähigkeit, *aus der Form und Beschaffenheit der äußeren Teile des menschlichen Körpers, hauptsächlich des Gesichts, ausschließlich aller vorübergehenden Zeichen der Gemütsbewegungen, die Beschaffenheit des Geistes und Herzens zu finden*. Dass dergleichen möglich sei, hat Georg Christoph Lichtenberg (von dem diese Definition stammt) aufs entschiedenste bestritten. Er hielt aus guten Gründen daran fest, *daß man den Menschen aus seiner äußern Form nicht so beurteilen könnte wie die Viehhändler die Ochsen*. In seinem ‚Fragment von Schwänzen' nahm er Lavaters Lehre nochmals satirisch aufs Korn. Goethe, der zunächst an den ‚Physiognomischen

Fragmenten' mitarbeitete, sich aber dann mit deren Autor entzweite, bemerkte gegenüber Eckermann: *Lavater war ein herzlich guter Mann, allein er war gewaltigen Täuschungen unterworfen, und die ganz strenge Wahrheit war nicht seine Sache; er belog sich und andere.*

Aber nicht darauf kommt es hier an, sondern auf die erstaunliche Tatsache, dass das Porträt des jungen Feodor in jenes Werk aufgenommen wurde. Wie wurde man auf ihn aufmerksam? Vielleicht durch keinen anderen als Goethe, der vom 9. bis zum 15. Juni 1775 bei Lavater in Zürich wohnte und der vom 17. bis zum 23. Mai am badischen Hof in Karlsruhe geweilt hatte. Oder eher, und auf kürzerem Wege, dadurch, dass Feodor im folgenden Jahr an das Salis'sche Philantropin, ein Knabeninstitut, im schweizerischen Marschlins überwechselte; am 6. Juli 1776 kam er, zusammen mit drei anderen Jugendlichen und dem Hofmeister Johann Christian Feigler, dort an. Die nicht sehr zahlreichen Schüler stammten, außer aus Baden, aus Frankreich und der Schweiz und gehörten größtenteils dem Adel an; Feodor saß freilich am sogenannten ‚bürgerlichen Tisch', was darauf schließen lässt, dass man von seiner angeblich hohen Herkunft nicht viel hielt.

Das Philantropin musste wegen wirtschaftlicher Schwierigkeiten schon im Februar 1777 geschlossen werden. In einem Brief vom 23. April kündigte Prinzessin Amalie ihrem Gatten Karl Ludwig *die Ankunft von Feodor an, er ist nicht gewachsen, aber viel dicker geworden;* außerdem sei er *nicht mehr manieriert wie früher.* Dabei sollte es auch bleiben.

3. UNTERWEGS ZUR KUNST

Jetzt, im Atelier, betrachtete er ihn abermals, während der Junge das Glas auf einen Zug leerte. Ja, er hatte das Gesicht eines Kalmücken – sehr breitflächig, mit hohen Jochbeinen und einer aufgestülpten, plumpen Nase. Die Flächigkeit der Wangen wurde noch durch die Ohren betont, die weit vom Kopf abstanden. Und er hatte auch die schmalen Augen, das schwarze Haar, die wulstigen, trotzigen Lippen eines Kalmücken. Nur die Hände …

Roald Dahl, Haut

In Marschlins war Feodor auch im Zeichnen unterrichtet worden und dabei wohl durch Neigung als auch durch Begabung aufgefallen; jedenfalls trat er Ende 1777 oder Anfang 1778 in die Karlsruher ‚Handzeichnungsschule' ein. Im Februar 1780 nannte ihn der Hofpagenmeister Johann Jakob Lux als einen der Schüler, die sich *um ein mercklichs gebessert und vor andern hervorgethan* hatten, und im November führte er sogar die Liste derer an, die eine Preismedaille erhielten. Erst an 19. Stelle stand Friedrich Weinbrenner, der Sohn eines Zimmermeisters, der sich zum Baumeister fortbilden wollte. Gleichwohl wurden die beiden zu Freunden und blieben es ihr Leben lang.

Die Schule war eine Gründung des Hofmalers Joseph Melling, wurde aber inzwischen von Karl Friedrich Autenrieth geleitet, und zwar unter der Oberaufsicht von Lux, der, so Weinbrenner, ein *äußerst gebildeter und wissenschaftlicher Mann* war, dem er noch spät *meinen Dank für seine mir erwiesene Leitung* abstattete. Der Unterricht bestand darin, dass man einfache Vorlagen, durchweg Kupferstiche, kopierte und dabei lernte, mit Kontur und Schraffur umzugehen. Dann erst durfte man im sogenannten Gipssaal *nach dem Runden* zeichnen; zu diesem Zweck hatte Autenrieth *Mäuler, Nasen, Augen, Ohren, Hände, Füße* in Abgüssen angeschafft. (Dass er bei einem Kupferschmied *ein Blatt Kupfer zum radiren* bestellte, lässt darauf schließen, dass er sich selber in dieser Kunst übte und sie auch seinen Schülern vermittelte.)

Das geistlose Zeichnen nach Gips und Modell, das als unentbehrliche Vorschule betrachtet wurde, dauerte jahrelang und führte dazu, *daß, wenn tausend Gestalten gezeichnet werden, doch alle wie aus einem Modell geformt erscheinen*; es abzuwandeln oder weiter zu entwickeln, war – so schrieb der Maler Joseph Anton Koch – nicht erwünscht und nicht erlaubt. Man beschäftigte sich damit, *überaus geduldige Gipsköpfe abzusenkeln, auszumessen und unter traulichen Gesprächen beliebige Zeit auf ihre Nachbildung zu verwenden*; nicht nur an der Dresdner Akademie, an der der Maler Wilhelm von Kügelgen im Jahre 1818 studierte. In dieselbe Akademie trat, ein Jahr später, der Maler Ludwig Richter ein; auch er beklagte sich über diese *mechanische Kopistenarbeit*, zumal er nicht wusste, *worauf es denn eigentlich ankam. Man lernte eben einen Umriß machen und bemühte sich, eine schöne Schraffierung herauszubekommen. Daß es sich um den Gewinn einer gründlichsten Kenntnis des menschlichen Körpers und um ein feines Nachempfinden der Schönheit dieser Formen handle und es deshalb um eine möglichst strenge, genaue Nachbildung zu tun sei, das wurde mir nicht und wohl den wenigsten klar.* Und noch aus dem Jahre 1859 konnte der Maler Hans Thoma, nun wiederum aus Karlsruhe, berichten: *Ich kam in den Antikensaal zu Professor des Coudres, der ein gar freundlicher Korrektor war. Er gab sich auf die liebenswürdigste Art Mühe, jedes Spürchen von Zuviel und Zuwenig an der Zeichnung aufzufinden. Mit Senkblei und Spiegel wurde kontrolliert. Aber das Antikenzeichnen wurde mir mit der Zeit langweilig, ich konnte mir nicht recht denken, warum ich dies gar so genau nachbilden sollte.* Auch Feodor konnte nicht wissen, dass er sich hier das Rüstzeug für sein zukünftiges Werk erwarb.

Feodor muss die Schule mindestens bis Ende 1780 besucht haben. Aus Briefen, die Karl Ludwig 1781 und 1782 an Amalie schrieb, geht lediglich hervor, dass er dann zu Kurierdiensten herangezogen wurde und sich eng an den wesentlich älteren Ludwig von Edelsheim angeschlossen hatte, der einer freiherrlichen Familie entstammte. Ob er dann, wie es gelegentlich heißt, bei dem inzwischen in Straßburg wirkenden Melling studierte, ist ungewiss und eher unwahrscheinlich; dieser, ein Schüler von François Boucher, zeichnete sich durch eine duftige, leichtfarbige Malweise aus, die bei Feodor offenbar keinen Anklang fand.

Im Dezember 1785 wurde anstelle der ‚Handzeichnungsschule' eine wirkliche ‚Kunstakademie' gegründet, und Feodor trat sofort in sie ein. Zu ihrer Leitung berief der Markgraf den Hofmaler Philipp Jakob Becker, der 1759 geboren worden und somit kaum älter als sein neuer Schüler war, der ebenfalls bei Autenrieth und dann bei Melling gelernt, aber schon im Herbst 1777, kaum achtzehn Jahre alt, seine Ausbildung in Rom fortgesetzt hatte, und zwar zunächst bei dem berühmten Raphael Mengs. Zu den Freunden, die er dort gewann, zählten Peter Verschaffelt, Philipp Hackert und Franz Kobell. Und aus Rom hatte Becker bei seiner Rückkehr im Jahre 1784 nicht nur eigenhändige Kopien, sondern auch zahlreiche Gipsabgüsse antiker Skulpturen mitgebracht, an denen sich Feodor abarbeiten konnte. Zudem führte Becker das Aktzeichnen ein.

Durch den Unterricht erst bei Autenrieth, dann bei Becker wurde Feodor, wie es scheint, entscheidend geprägt; denn zeitlebens war er eher ein Zeichner als ein Maler, führte er lieber den Stift als den Pinsel, wollte er lieber Linien ziehen statt Flächen zu füllen; für Farben hatte er wenig Sinn.

Schon bald nach seinem Eintritt in die Akademie hat Feodor *den Unterricht mitbesorgt, auch Privatunterricht ertheilt und sich im Porträtmahlen ausgezeichnet*. Als Autenrieth sich im Jahre 1787 um eine Anstellung als Theatermaler bewarb, teilte ihm der zuständige Minister mit, man habe vor, *den Kalmucken Dhedor zu künftigem Behuf in diesem Fach zu iniziieren*; woraus aber dann doch nichts wurde. Im März 1791 bewarb sich Autenrieth noch einmal, dieses Mal um die Stelle seines ehemaligen Schülers, denn er hatte erfahren, dass *jetzt der bisher bey der Zeichenakademie angestellte und besoldet gewesene Feodor hinweg geht*; und auch dieses Mal hatte er keinen Erfolg. Vielmehr wurde ihm bedeutet, dass Feodor außerplanmäßig vom Markgrafen bezahlt worden sei und sein Posten nicht wieder besetzt werde.

Um diese Zeit – wenn überhaupt – ereignete sich wohl auch eine makabre Geschichte, die der Schriftsteller Heinrich Vierordt überlieferte. Demnach ging Feodor einst *zu einer Hinrichtung nach Rastatt, erbat sich für seine Künstlerzwecke den Kopf des Enthaupteten, tat das unheimliche Beutestück in ein Kästchen und erreichte, zu Fuß heimwandernd, mit seinem schauerlichen Mitbringsel den Scheibenhardter Wald. Dort begegnete ihm zu Wagen seine Gönnerin, die Markgräfin Amalie, die mit ihren Prinzessinnen-Töchtern eine Spazierfahrt machte. Die hohen Damen, gnädig gelaunt, luden den staubigen Wanderer ein, den Rest des Weges mit ihnen heimzufahren. Feodor entgegnete höflich, er gehe lieber zu Fuß, doch verpflichteten sie ihn sehr zu Danke, wenn sie ihm seine Last abnähmen und im Wagen heimbeförderten; er wolle das Kistchen im Palast abholen. Und so geschah's. Vom Wunderfitz geplagt, zu sehen, was wohl der Maler mit sich geschleppt haben mochte, hob eine der Prinzessinnen den Deckel der verhängnisvollen Schachtel, und oh! ... Doch die Sage verschweigt das weitere.*

Das Ganze kann sich durchaus zugetragen haben. Zwar wurde Vierordt erst 1855 in Karlsruhe geboren, aber er kannte gewiss noch Leute, die Feodor gekannt hatten, und verkehrte auch in den entsprechenden Kreisen. Und vielleicht hatte sich der Maler ein Bild vorgenommen, für das er den Kopf eines Enthaupteten benötigte; in der antiken wie auch der christlichen Überlieferung kommt derlei öfter vor.

Doch wo ging Feodor in jenem Jahr 1791 hin? Nach Rom, wohin denn sonst.

3. Unterwegs zur Kunst

4. IM MITTELPUNKT

Wir kommen nach Rom mit großen, ja mit ungeheuerlichen Erwartungen und finden uns, was auf der Welt selten geschieht, nicht betrogen. Wir betreten Rom in einer erhöhten Verfassung des Gemüts, wie keine andere Stadt des Erdkreises sie unserer Natur abzunötigen vermöchte, und etwas von dieser Verfassung wird uns für immer zurückbleiben.

Werner Bergengruen, Römisches Erinnerungsbuch

Man kann sich kaum noch vorstellen, was Rom den Deutschen, zumal den deutschen Künstlern bedeutete: eine Offenbarung. Goethe war nur einer von den vielen, die die Stadt überwältigte, als er sie 1786 zum ersten Mal sah: *Anderer Orten muß man das Bedeutende aufsuchen, hier werden wir davon überdrängt und überfüllt. Wie man geht und steht, zeigt sich ein landschaftliches Bild aller Art und Weise, Paläste und Ruinen, Gärten und Wildnis, Fernen und Engen, Häuschen, Ställe, Triumphbögen und Säulen, oft alles zusammen so nah, daß es auf ein Blatt gebracht werden könnte. Man müßte mit tausend Griffeln schreiben, was soll hier eine Feder! und dann ist man abends erschöpft vom Schauen und Staunen.* Unter diesem Eindruck stehen auch die Worte, die Goethe wenig später seinem Tasso in den Mund legte:

> *Und spricht in jener ersten Stadt der Welt*
> *Nicht jeder Platz, nicht jeder Stein zu uns?*
> *Wie viele tausend stumme Lehrer winken*
> *In ernster Majestät uns freundlich an!*

Rom sei, so Wilhelm von Humboldt, *der Ort, in dem sich für unsere Ansicht das ganze Altertum in eins zusammenzieht; es sei nur für wenige und nur für die Bessern gemacht, aber wen es einmal anspricht, der findet die Welt hier.*

Freilich war es nicht nur die Vergangenheit, die mit ihren zahlreichen Zeugnissen die Deutschen nach Rom lockte, sondern auch, und vielleicht noch mehr, die Gegenwart: die lockere, leichte, südliche Lebensart, ja Lebenskunst. Um es noch einmal, und zum letzten Mal, mit den Worten Goethes zu sagen:

O wie fühl' ich in Rom mich so froh! gedenk' ich der Zeiten,
Da mich ein graulicher Tag hinten im Norden umfing,
Trübe der Himmel und schwer auf meine Scheitel sich senkte,
Farb- und gestaltlos die Welt um den Ermatteten lag,
Und ich über mein Ich, des unbefriedigten Geistes
Düstre Wege zu spähn, still in Betrachtung versank.
Nun umleuchtet der Glanz des helleren Äthers die Stirne;
Phöbus rufet, der Gott, Formen und Farben hervor.
Sternhell glänzet die Nacht, sie klingt von weichen Gesängen,
Und mir leuchtet der Mond heller als nordischer Tag.

Den archäologischen Reizen hielten die atmosphärischen zumindest die Waage.

Kein Wunder, dass es auch Weinbrenner dorthin zog; am 1. September 1792 kam er, kurz nach Mitternacht, an und stieg bei dem deutschen Wirt, dem allbekannten ‚Rösler Franz', in der Strada Condotti ab. *Mein erstes Geschäft am andern morgen war (...), meinen Freund und alten Schulkameraden Feodor Iwanowitsch (Kalmück), welcher schon ein Jahr vor mir nach Rom gereist war, aufzusuchen, um denselben zu bitten, daß er mich in dem alten und neuen Rom herumführen und mich so einstweilen oberflächlich mit demselben bekanntmache.* Feodor fand für Weinbrenner eine Wohnung in der Strada Pasquini, nahm ihn aber im nächsten Jahr in sein eigenes Hauswesen in der Via Babuino auf.

Was es in Rom alles zu sehen, zu zeichnen, zu malen gab! Aber über der Kunst kam das gesellige Leben nicht zu kurz. Zu den Künstlern, denen Feodor sich freundschaftlich anschloss, gehörten der Bildhauer Heinrich Keller sowie die Maler Ludwig Heß, Johannes Pfenninger, Johann Erdmann Hummel, Johann Christian Reinhart und Joseph Anton Koch. Wenn Koch in seiner ‚Modernen Kunstchronik' die *Kalmücken* erwähnte und meinte, es gebe *nichts Schöneres zu sehen als ein lachendes Mongolengesicht mit ihren gespitzten Augen und breiten Backenknochen*, oder wenn er von den *breitbackigen Kalmucken* sprach, hatte er gewiss seinen Freund vor Augen, der ihm auch das eine oder andere aus seiner Heimat erzählt haben muss. Bei diesem Buch, das 1834 – übrigens in Karlsruhe! – erschien, handelt es sich angeblich um den Briefwechsel zweier Maler, von denen der eine in Rom, der andere in der Tartarei lebt; und es schließt mit der Bemerkung, dass die Briefe aus Rom *nur dazu dienen können, um hier bei den Mongolen und Kalmücken herzliches Lachen über das verbildete Europa zu erregen*.

Feodor nahm auch an der *Lustfahrt* teil, die Reinhart mit einigen Genossen und *Huren* in die Umgebung von Rom unternahm. Bei der späten Rückkehr kam es am Stadttor zu einem Streit mit der

Wache, bei dem sogar ein Schuss fiel, aber nicht traf. *Der Kalmuck welcher in dem Scharmützel seinen Stock verloren hatte und ihn nicht im Stiche lassen wollte, kehrte besoffenen Muths zur Wache zurück, welche ihn umringte u. mit einigen Kolbenstößen, wovon der eine ihm den Arm fast gelähmt hat, zur Raison bringen wollte.* (So der Kunsthistoriker Carl Ludwig Fernow in einem Brief vom Juni 1796.) Die Angelegenheit verlief im Sande, und Graf Ernst Friedrich Herbert zu Münster riet Reinhart für die Zukunft zu größerer Vorsicht, *die besonders in einem Knüppel nach Art des kalmuckischen bestehen könnte.*

Dass Feodor nicht nur durch seine Trinkfestigkeit und Schlagfertigkeit, sondern auch sonst seinen Mann stehen konnte, stellte er unter anderem unter Beweis, als er mit Weinbrenner ein Bad im Tiber nahm. Wie dieser berichtet, waren beide *als gute Schwimmer ganz in der Mitte des Stroms, wo er gegen zehn und mehr Fuß tief ist, und schäkerten miteinander, indem wir uns mit Wasser bespritzten.* Heinrich Rose, ein Künstlerfreund, glaubte, dass sie noch auf festem Boden stünden, sprang zu ihnen hin und ging, da er nicht schwimmen konnte, sofort unter. Weinbrenner konnte ihn bei den Haaren ergreifen und immer wieder an die Oberfläche bringen, wurde aber selber abgetrieben, so dass ihm die Zuschauer zuriefen, dass er den Ertrinkenden loslassen und sein eigenes Leben retten solle. *Feodor, als guter Schwimmer, war uns bisher immer auf der Seite gefolgt, und da er sah, daß ich nicht genug Kräfte behielt, um das Land zu erreichen, tauchte er endlich unter das Wasser und hob Rose mit dem Kopfe, während ich ihn immer bei den Haaren gefaßt hatte, an das Ufer, wo er alsdann beinahe tot ankam, sich aber, nachdem wir ihn frottiert und allerlei Mittel angewandt hatten, in einiger Zeit wieder erholte. Triumphierend brachten wir sodann den Geretteten wieder zurück in die Stadt.*

Wie ungezwungen es zuging, zeigt eine Geschichte, die Sulpiz Boisserée, der berühmte Kunstkenner und Kunstsammler, noch 1817 in Stuttgart von dem württembergischen Hofbaumeister Johann Gottfried Klinsky erfuhr. Dieser hatte in der Nähe von Tivoli ein Bodenmosaik nur dadurch entdeckt, dass er *an ein altes Gemäuer pißte; es waren mehrere Deutsche zusammen, Weinbrenner war auch dabei – und wie es zu geschehen pflegt, einer verleitete den anderen, und durch diese allgemeine Pissade wurde die Mosaik herausgewaschen. Klinsky nahm den Boden gleich auf – und stellte die nicht ganz kenntlichen menschlichen Figuren nach Gutdünken wieder her.* Feodor war wahrscheinlich auch dabei. Und noch etwas zeigt diese Geschichte: nämlich wie reich der römische Boden an unbekannten, noch unentdeckten Altertümern war.

Die deutschen Maler versammelten sich allabendlich im hinteren Zimmer des Caffè Greco, das der Wirt zu jener Zeit ausmalen lassen wollte. Er ließ von italienischen Malern einige Skizzen anfertigen und legte sie Weinbrenner zur Beurteilung vor, der aber seine Ablehnung offen zum Ausdruck brachte. Und was geschah? Als das Zimmer wieder geöffnet wurde, hatten, wie Weinbrenner berichtet, *die italienischen Maler, um sich an mir zu rächen, an die eine Wand eine große Landschaft in Fresko gemalt, worauf als Staffage mein Freund Feodor, der dazumal mit mir zusammen wohnte, auf einem Esel saß, den ich an einem Seil über eine Brücke führte, und in der andern Hand einen großen Zirkel hatte. Diesen Zug schloß Maler Frey, der ebenfalls unser Hausgenosse war, ein großes Portefeuille und einen Sonnenschirm uns nachtragend.* Die Deutschen waren empört und versammelten sich, da der Wirt nicht nachgab, von nun an in einem anderen Lokal. *Als nun der Mann sah, daß es uns Ernst sei, da wir ihm alle auf einen Morgen das Frühstück, welches er durch seine Kaffeejungen in unsere Häuser schicken ließ, wieder zurückschickten, auch zu Mittag und Abend nicht mehr zu ihm kamen; so ließ er endlich die Staffage, insoweit sie sich auf mich und meine beiden Hausgenossen bezog, abändern. Allein seine Maler machten es nur noch schlimmer, verwandelten Feodor auf dem Esel in einen Türken, was sie wegen seines damaligen Kostüms leicht tun konnten, mich in einen deutschen Soldaten mit großen Stiefeln, und Frey in einen ordinären Eselstreiber.* Aber die Deutschen verlangten, dass die ganze Staffage ausgelöscht werden sollte, was wenige Tage später auch geschah; dann fanden sie sich wieder im Caffè Greco ein. Allerdings war Weinbrenner nicht mehr lange dabei; im Juni 1797 kehrte er in die Heimat zurück.

Aus den gemeinsam in Rom verlebten Jahren scheint eine Reihe von Skizzen zu stammen, in denen Feodor den Freund porträtierte, wenn nicht gar karikierte: krummbeinig auf einer Leiter tanzend, Flöte spielend, sich tief verneigend, salutierend, zeichnend oder – offenbar in einem Gasthaus – lässig auf einer Bank sitzend. Dass sich der *wegen seiner großen Künstler-Talente berühmte Calmücke*, während er *als kunstreicher, allgemein bewunderter Zeichner in Rom* lebte, auch selber porträtierte, gab ein gewisser Johann Friedrich Blumenbach zu Protokoll. Er erwarb das 1792 entstandene Bild und überlieferte es in seinen 1796 in Göttingen veröffentlichten ‚Abbildungen Naturhistorischer Gegenstände', in denen er nämlich auch ‚Charakteristische Musterköpfe von Männern aus den 5 Hauptrassen im Menschengeschlechte' zeigte; zu eben jenem Bild bemerkte er, dass es *von Künstlern und anderen Kennern ohne alle Ausnahme als ein in dieser Manier fast unbegreifliches Meisterstück bewundert* werde.

Joseph von Eichendorff hat in seiner Erzählung ‚Aus dem Leben eines Taugenichts', die er von 1817 bis 1821 niederschrieb, das Leben und Treiben der deutschen Künstler in Rom anschaulich geschildert (obwohl er selber nie in Rom war). Der deutsche Maler, den der Taugenichts zufällig trifft, *führte mich lange hin und her durch eine Menge konfuser, enger und dunkler Gassen, bis wir endlich in ein altes verräuchertes Haus hineinwuschten. Dort stiegen wir eine finstre Treppe hinauf, dann wieder eine, als wenn wir in den Himmel hineinsteigen wollten. Wir standen nun unter dem Dache vor einer Tür still,* die der Maler, da er den Schlüssel vergessen hatte, mit dem Fuß aufstieß. Sie führte in *eine lange, lange, große Stube, daß man darin hätte tanzen können, wenn nur nicht auf dem Fußboden alles vollgelegen hätte. Aber da lagen Stiefel, Papiere, Kleider, umgeworfene Farbentöpfe, alles durcheinander; in der Mitte der Stube standen große Gerüste, wie man sie zum Birnenabnehmen braucht, ringsum an der Wand waren große Bilder angelehnt. Auf einem langen hölzernen Tische war eine Schüssel, worauf neben einem Farbenklecks Brot und Butter lag. Eine Flasche Wein stand daneben.* Aus ihr nehmen der Maler und sein Gast einen kräftigen Trunk auf *unser tiefgrünes Deutschland da hinter den Bergen.* Abends trifft man sich dann in einem Garten außerhalb der Stadt, trinkt wieder, isst, singt und tanzt. *Die untergegangene Sonne warf noch einige rote Widerscheine zwischen die dunklen Schatten und über das alte Gemäuer und die von Efeu wild überwachsenen, halb versunkenen Säulen hinten im Garten, während man von der andern Seite tief unter den Weinbergen die Stadt Rom in den Abendgluten liegen sah.*

Feodor muss das Leben in Rom in vollen Zügen genossen haben; fleißig war er freilich auch. Zwar haben sich aus seinen acht dort verbrachten Jahren nur etwa vierzig Blätter erhalten, aber es heißt, dass er seine Werke *in hundert Fällen um eine Flasche Wein hingegeben*, ja sogar seine Skizzenbücher verschenkt habe. Eine *vortreffliche Zeichnung, die Zusammenkunft von Oedipus und Theseus darstellend*, erhielt auch der deutsche Arzt Christoph Heinrich Pfaff, der *den berühmten Kalmucken* um 1797 in Rom behandelte. Eine andere Zeichnung, die die Tröstung Hagars durch den Engel zeigt und die, wie auch immer, nach Zürich gelangte, trägt die Inschrift: *Vom Calmuke bey meinem Abschied v. Rom 1798.* Der *Kalmücke*, so heißt es in einem Brief von Keller, *ist bei so außerordentlichen Talenten äußerst bescheiden, traut seinen eigenen Kräften immer selbst zu wenig und studiert ohne Rast*; überdies sei er *ein guter braver Mann, so bieder und ehrlich, daß man ihn lieben muß.*

In einer privaten Akademie, an der, außer Weinbrenner, auch Koch, Keller, Angelika Kauffmann, Johann Martin von Rohden und andere bekannte Künstler teilnahmen, setzte Feodor seine bei Becker begonnenen Aktstudien fort; wahrscheinlich gehörte er auch dem Kreis um Fernow an. Er skizzierte, er porträtierte, aber vor allem beschäftigte er sich, nicht anders als die anderen Künstler, mit dem Abzeichnen antiker Werke, die er in den Vatikanischen Museen und sonstigen Sammlungen aufsuchte. Auf diese Weise übte er Auge und Hand. Was er zu Papier brachte, war überdies von großem Interesse für die vielen, die die Werke nicht selber an Ort und Stelle besehen konnten.

Als der Maler Johann Heinrich Wilhelm Tischbein – derselbe, der durch das Gemälde ‚Goethe in der Campagna' berühmt geworden ist – während seiner römischen Jahre den Plan zu einem Werk fasste, das die antiken Darstellungen nach Homer wiedergeben sollte, forderte er auch Feodor zur Mitarbeit auf; und zwar erhielt dieser den Auftrag, die sogenannte ‚Tabula iliaca' aus dem Kapitolinischen Museum zu zeichnen und zu stechen, was er dann, wie es im Kommentar zu Tischbeins Werk heißt, *unter Aufsicht mehrerer Alterthumsforscher* und *sehr genau* tat. Überdies kopierte und radierte er das ‚Jüngste Gericht' von Michelangelo in der Sixtinischen Kapelle im Vatikan und eine ‚Kreuzabnahme' von Benvenuto Cellini im Palazzo Zampieri in Bologna. (Eine ‚Kreuzabnahme' nach Michelangelo, die in Stichen weit verbreitet wurde, stammt wohl eher aus späterer Zeit.) Sein Ruhm verbreitete sich rasch; ein in Zürich erschienenes Lexikon hob hervor, dass Feodor *alle Kenner durch die Fertigkeit, womit er besonders die Antiken und Raphael copirte, in Erstaunen* setzte.

In denselben Zusammenhang gehören die Zeichnungen, die er von der berühmten Tür schuf, die Lorenzo Ghiberti für das Baptisterium des Kathedrale von Florenz geschaffen hatte; jener Tür, von deren Flügeln Michelangelo sagte, sie seien *so schön, daß sie an den Pforten des Paradieses stehen könnten*. Diese Zeichnungen arbeitete Feodor zu einer Folge von zwölf Kupferstichen aus; sie zeigen, jeweils auf einem Blatt, die zehn Reliefs und, auf einem Doppelblatt, eine Gesamtansicht mit deutschem und französischem Text und der mitgestochenen Unterschrift: *Die bronzerne Thüre des Battisteriums S. Giovanni von Lorenzo Ghiberti in Florenz, gezeichnet und radirt von Feodor Iwanowitsch, Kalmuk.* Sein Freund Keller gab das Werk in Rom heraus. (Noch 1823 meinte Sulpiz Boisserée, dass sich die Kunstfreunde *gewiß mit Vergnügen* an diese Blätter erinnerten, und im folgenden Jahr wies Johann Heinrich Meyer, der Freund, Kunstberater und Hausgenosse Goethes, darauf hin, dass die Türen *auch durch schätzbare radirte Umrisse von dem bekannten Maler und Zeichner Feodor* bekannt geworden seien.)

4. Im Mittelpunkt

Offenbar hat der bedeutende dänische Bildhauer Bertel Thorvaldsen, der ebenfalls in Rom lebte, ein Exemplar des Werks erworben, zusammen mit einigen Zeichnungen nach antiken Motiven. Er war nicht der einzige von den Großen, die den Kalmücken als einen der ihren anerkannten.

Als Lord Elgin 1799 einen Figurenzeichner suchte, der ihn nach Griechenland begleiten sollte, fiel seine Wahl auf Feodor, der – wie William Richard Hamilton, der Sekretär des Lords, schrieb – *auf allen Seiten als der beste seiner Art angesehen* wurde; und zudem sei er vielleicht *der einzige Mann von Geschmack, den seine Nation jemals hervorbrachte.*

Aber wer war Lord Elgin?

5. AUF DEM TRÜMMERFELD

In der Türkenzeit ist Athen dem westlichen Europa lange ganz aus dem Gesicht entschwunden gewesen und ein Tübinger Professor gewann gegen Ende des sechzehnten Jahrhunderts Ruhm durch den mit sicheren Nachrichten erbrachten Beweis, daß der Ort Athen wirklich noch existiere.

Bernhard Guttmann, Tage in Hellas

Thomas Bruce, 7. Earl of Elgin und 11. Earl of Kincardine, wurde am 20. Juli 1766 in Broomhall (Fife) geboren. Nach einer politischen Karriere als schottischer Peer im britischen Oberhaus und einer militärischen, bei der er es bis zum Oberstleutnant brachte, schlug er die diplomatische Laufbahn ein. Er amtierte als außerordentlicher Botschafter in Wien, Brüssel und Berlin und wurde – nachdem er Mary Nisbet of Dirleton, eine der reichsten Erbinnen des Landes, geheiratet hatte – 1799 zum *Ambassador Extraordinary and Minister Plenipotentiary of His Britannic Majesty to the Sublime Porte of Selim III.* ernannt. Vor seiner Abreise nach Konstantinopel stellte er eine kleine Mannschaft von Künstlern und Kunsthandwerkern zusammen, die ihn begleiten, Kunstwerke abzeichnen und abformen und Ausgrabungen durchführen sollten. William Turner, den er zuerst ins Auge fasste, verlangte 400 £ im Jahr; mehr, als er bezahlen wollte. An seine Stelle trat Giovanni Battista Lusieri, der Hofmaler des Königs von Neapel, der mit 200 £ zufrieden war. Hinzu kamen zwei Architekten, Vincenzo Balestra und Sebastian Ittar, zwei Modelleure, Vincenzo Rosati und Bernardino Ledus ... und, als Figurenzeichner und für ein Salär von 100 £, *Theodore Ivanovitch, a Cossack*. (Die Veränderung seines Vornamens mochte noch so eben hingehen; aber die Kosaken waren ja diejenigen gewesen, die ihn, den Kalmücken, seiner Familie und seiner Heimat entrissen hatten.) Bekannt wurde Feodor dann aber, kurzerhand, als *Lord Elgin's Calmuck*.

Die Mannschaft fuhr noch vor Weihnachten 1799 über Neapel nach Sizilien. Nach einem längeren Aufenthalt, während dessen Feodor in der Kathedrale von Agrigent einen Sarkophag abzeichnete, konnten am 9. April 1800 wieder die Segel gehisst werden; über Konstantinopel, wo die Reise nochmals unterbrochen wurde, erreichte man am 22. Juli schließlich Athen. Dort wollte man auf der Akropolis sogleich mit der Arbeit beginnen, aber die Verhandlungen mit den türkischen Behörden zogen sich lange hin. Im Mai

1801 erhielt Elgin eine Vollmacht, die es der Mannschaft erlaubte, den Tempelberg zu betreten; Gerüste aufzustellen; die Kunstwerke zu vermessen und zu zeichnen; sie abzuformen; notwendige Ausgrabungen durchzuführen; *and that when they wish to take away any pieces of stone with old inscriptions or figures thereon, that no opposition be made thereto.* Dies war ein Freibrief, wie ihn noch niemand erhalten hatte, und, wie die Zukunft zeigte, ein höchst gefährlicher dazu. Elgins Leute gingen ans Werk.

Über alle Bauten, die – oder vielmehr deren Ruinen – sich auf dem Tempelberg erhoben, ragte der Parthenon weit hinaus; ihm wandte sich die Mannschaft vor allem zu. *Was ihm die einzigartige Bedeutung gibt, beruht auf dem glücklichen Zusammentreffen, daß in dem Moment der entscheidenden Wendung zur Klassizität*

Der Kalmück

der größte und freigebigste Bauherr der Zeit die bedeutendsten Meister fand. (...) Zu dem Goldelfenbeinbild der Göttin kam der umfänglichste dekorative Schmuck, der je für einen antiken Tempel geschaffen worden ist, außer den Giebeln 92 Metopen und ein Fries von 160 Meter Länge. Als Material diente für den gesamten Bau der pentelische Marmor, dessen Feinheit eine technische Vollkommenheit erlaubte, die in keinem anderen Stein möglich gewesen wäre. Die Giebel zeigten die Geburt der Göttin Athena und ihren Wettstreit mit Poseidon um das attische Land. In den Metopen kämpften die Götter, die Giganten, die Heroen, die Kentauren, die Lapithen, die Amazonen und die Athener. Auf dem Fries *zog das attische Volk im panathenäischen Festzug der Versammlung von zwölf Göttern, in der Mitte Athena und Zeus, entgegen, die ihn an der Ostfront erwarteten.* Das Ganze war ein gemeinschaftliches Werk des Perikles und des Phidias und vieler anderer und so, wie es stand, rund 2250 Jahre alt. Dennoch hatte man es fast vergessen.

In Deutschland lenkte Johann Joachim Winckelmann in seinen 1755 veröffentlichten ‚Gedancken über die Nachahmung der Griechischen Wercke in der Mahlerey und Bildhauer-Kunst' den Blick auf das Erbe, das noch viel älter als das römische war. *Die reinsten Quellen der Kunst sind geöffnet: glücklich ist, wer sie findet und schmecket. Diese Quellen suchen, heißt nach Athen reisen.* Die griechischen Werke waren, wie er glaubte, ausgezeichnet durch *eine edle Einfalt, und eine stille Grösse*; ein Glaube, den viele seiner Zeitgenossen teilten. *Das Land der Griechen mit der Seele suchend*: dieser Vers aus Goethes ‚Iphigenie', geschrieben 1786 in Rom, hätte ihnen als Motto dienen können. Noch 1788 beschwor Friedrich Schiller in einem langen Gedicht ‚Die Götter Griechenlands' als Herrscher einer angeblich schöneren, besseren, aber leider vergangenen Welt. Von der Sehnsucht nach ihr war Friedrich Hölderlin ganz und gar erfüllt. *Seeliges Griechenland!* rief er aus, und *O Land des Homer!* Die Beispiele, zumal die aus seinem Werk, ließen sich häufen.

Der Gesandtschaftskaplan Philip Hunt, der zu dieser Zeit in Athen eintraf, berichtete sogleich an Elgin, dass die Mannschaft eifrig ans Werk gegangen sei; *und der Kalmück Theodore kopiert mit seinem fast magischen Bleistift die Skulpturfragmente außerhalb der Burgmauern.* Doch schon am 31. Juli schrieb er, wiederum an Elgin, er müsse Lusieri über die Maßen loben, aber *von den Architekten und dem Kalmücken kann ich nicht mit so viel Beifall sprechen – außer über die Ausführung ihrer Arbeiten – sie kommen außerordentlich langsam vorwärts* und stünden sogar im Verdacht, *Kopien und Maße*

5. Auf dem Trümmerfeld

zu verstecken, um sie nach Paris zu befördern. Auf der Akropolis trieb sich nämlich noch ein Franzose namens Louis-François-Sebastien Fauvel herum; er diente dem französischen Gesandten bei der Pforte, dem Historiker Marie-Gabriel-Florent-Auguste de Choiseul-Gouffier, als Zeichner und antiquarischer Agent und war daher ein Konkurrent.

Lusieri selber schrieb noch im selben Jahr, er könne mit den Architekten nicht zufrieden sein *und schon gar nicht mit Feodor, der nicht gearbeitet hat und der das, was er tun soll, nicht tun will. Er ist ein Mann, der nichts darum gibt, sich längere Zeit an einem Ort aufzuhalten und der schon lange daran dachte, fortzugehen. (...) Ich fürchte, daß ich ihn entlassen muß, nachdem ich alle möglichen Mittel angewandt habe, ihn zur Raison zu bringen. Aber ich sehe, daß ich ihn sobald wie möglich fortschicken muß, da sein Beispiel die anderen noch schlimmer machen wird.*

Aber es war ja auch keine leichte, sondern eine doppelte Aufgabe, die Feodor lösen musste. *Indem er es sich zu Herzen nahm, dass die Absicht seines Herrn darin bestand, die Künste im Heimatland zu fördern, erhob sich der Kalmücke über die bloße Reproduktion; er zeichnete die Skulpturen in dem Zustand des Zerfalls, in dem er sie fand, aber bot auf dem Papier auch lebendige Restaurierungen der Originale, so wie sie ursprünglich ausgesehen haben mussten.* Elgin selber bescheinigte ihm, dass er sich dieser Aufgabe *mit ausgezeichnetem Geschmacke und großer Geschicklichkeit* entledigt habe. Reproduktion des Vorhandenen und Rekonstruktion des Verschwundenen gingen unmerklich ineinander über. Es war ja, nach damaligem Brauch, auch daran gedacht, die Originale selber zu restaurieren, was aber zum Glück dann doch unterblieb.

Im November 1801 unternahm Lusieri mit Feodor eine Schiffsreise nach der Insel Ägina, auf der noch der berühmte Tempel der Göttin Aphaia stand. Der englische Weltreisende Edward Daniel Clarke, der den beiden begegnete und sie begleitete, schrieb, Lusieri habe gewünscht, *daß auch einer der merkwürdigsten Sonderlinge, die seit den Tagen des Phidias zur Liste berühmter Künstler hinzugezählt werden, ihn begleiten sollte. Diese Person war von Geburt ein Kalmück, mit Namen Theodore; er hatte sich unter den Malern Roms ausgezeichnet und war nach Athen gebracht worden, um zum Kreis der Künstler zu gehören, die von unserem Gesandten beschäftigt wurden und über die Lusieri die Oberaufsicht hatte. Mit der ausgeprägtesten Physiognomie des wildesten seiner Heimatstämme, obwohl in seiner Erscheinung durch die Hilfe europäischer Kleidung und Gewohnheiten so weit wie möglich gesittet, behielt er doch manche der Original-Charakteristiken seiner Landsleute. Auch habe er mit seinen frühesten Eindrücken die knechtischen Neigungen und wollüstigen Appetite der Tyrannen eingesogen, die* zu verehren er gelehrt worden war. Überdies bescheinigte ihm Clarke ein *wahrhaft skythisches Gefallen an alkoholischen Getränken*. (Die Skythen waren ein eurasisches Reitervolk und wegen ihrer Trinksitten berüchtigt.) Auf dieser Reise zeichnete Feodor den Anführer der Schiffsmannschaft; Clarke ließ die Zeichnung stechen und veröffentlichte sie 1814 im dritten Band seines Reiseberichts mit der Bemerkung: *The Casiot-Master of the Caique as taken from the Life by Theodore the Calmuck during the Voyage to Aegina*. Was Feodor sonst noch zu Papier brachte, muss als verloren gelten; sicher ist, dass sein Interesse nicht nur den antiken Monumenten galt.

Aber am 8. September 1802 klagte Lusieri wiederum darüber, dass *der Kalmück in der letzten Zeit lange nur sehr wenig getan hat (…). Er ist leicht jeder Sache, die man ihm vorschlägt, überdrüssig, und seit der Ankunft des Prinzen Dolgorouki ist sein Kopf ganz verdreht*. (Der Prinz war ein Russe, der ebenfalls auf der Akropolis zeichnete, und Feodor war wohl froh, in ihm einen Landsmann zu finden.) Lusieri schlug vor, dass Hamilton die Zeichnungen mit nach Rom nehmen sollte, um sie dort von anderen Künstlern stechen zu lassen; doch als Feodor dies erfuhr, war er, wie Lusieri eine Woche später berichtete, *so erschüttert, daß er nach einigen Minuten versprach, anzufangen, sobald er die Platten und die anderen dazu notwendigen Sachen bekäme*. Auch Elgin hatte *das größte Interesse daran, daß er alles fertig macht*.

Feodor ging wieder an die Arbeit und fand sogar noch genug Zeit, um sich im November einer eigenen Ausgrabung zu widmen. Aber schon im Dezember schrieb Hunt an Elgin: *Der Kalmücke Theodor ist damit beschäftigt, nichts zu tun – seine Trägheit scheint unbesiegbar*. Nachdem dieser sich zu Anfang des Jahres 1803 *zu Athen in den kläglichsten Umständen* befunden hatte, kehrte er gegen Ostern mit Elgin endlich nach Rom zurück.

Elgin begnügte sich freilich nicht mit den Abzeichnungen und Abformungen, die seine Mannschaft angefertigt hatte. Er ließ eine ganze Reihe von Originalen vor allem vom Parthenon entfernen und, zusammen mit anderen Werken, nach England bringen. Schon am 9. April 1803 hat Fernow in einem Brief aus Rom *die Elginsche Kunstplünderung Griechenlands* erwähnt. (Aber sie stellte in jenen Jahren keinen Einzelfall dar: so wurden 1812 die Giebelfiguren des Tempels von Ägina, die sogenannten Ägineten, die Feodor noch gesehen und vielleicht auch gezeichnet hatte, an den bayrischen Kronprinzen Ludwig verkauft, dann in Rom von Thorvaldsen ergänzt und in München in der Glyptothek aufgestellt.)

Die Reproduktionen eilten den Originalen nach Rom voraus und erregten allgemeines Aufsehen. Die deutsch-dänische Schriftstellerin Friederike Brun meldete am 11. April, sie habe leider *nur einige*

Zeichnungen des genievollen Kalmucken Fedor im Fluge erblickt. Von der *Bewunderung, die sie hervorriefen,* ist in einem Brief die Rede, den Mary Nisbet, die Gattin Elgins, an ihre Mutter schrieb. Selbst der berühmte Bildhauer Antonio Canova, der die Kunstschätze des Kirchenstaats verwaltete, war begeistert. Am 16. April schrieb Wilhelm Friedrich Gmelin, ein badischer Kupferstecher, der sich in Rom niedergelassen und zu Feodors Freundeskreis gehört hatte, an seinen Bruder Karl Christian in Karlsruhe: er, d.h. Feodor, könne, wenn er jetzt nach Karlsruhe komme, *von Troja, vom Ida, vom Olymp und Parnaß, von Athen und Constantinopel und d. ägeisch. Meer pp. selbst erzählen was Du etwa zu wissen verlangst. Er hat nun seine Sache, wie man sagt, im Reinen; geht nach London und radirt dort seine gezeichneten Sachen. Dieser talentvolle Mann ist hier und wo man ihn kennt, allgemein geschätzt und steht nun mit einer Menge vorzüglich berühmter und großer Personen in genauer Verbindung.* Am 1. August erfuhren die Leser des ‚Monthly Magazine': *Mr. Feodor is going to England to superintend the engraving of his drawings.*

Es kam ganz anders. Zwar hatte Feodor schon am 11. April jenes Jahres mit Elgin einen Vertrag abgeschlossen, wonach er seine Zeichnungen in London beenden und stechen sollte, und zwar für ein jährliches Gehalt von 150 £, dazu jeweils 50 £ für die Hin- und Rückreise sowie freie Kost und Unterkunft. Doch im Mai wurde Elgin als feindlicher Ausländer in Frankreich interniert, und Feodor saß in London auf dem Trockenen. Er erhielt kein Geld, er konnte seine Zeichnungen nicht beenden, da die Originale, die er zum Vergleich benötigte, noch nicht ausgepackt oder nicht einmal angekommen waren, und folglich konnte er die Zeichnungen auch nicht stechen. Erst im Jahre 1812 traf die letzte von mindestens 22 Schiffsladungen – sie umfasste 68 Kisten – in England ein. Dass, wie es einmal heißt, *the Calmuck's drinking* ihn am Arbeiten gehindert habe, trifft kaum zu, zeugt aber von dem Ruf, in dem er stand. Recht und schlecht schlug er sich durch, angeblich auch damit, dass er Charlotte, eine Tochter des Königs George IV., im Zeichnen unterrichtete; sein römischer Hausgenosse Johann Georg Frey alias Frye war ja ein natürlicher Sohn eben dieses Königs und könnte ihn empfohlen haben. Im Oktober 1804 schrieb er an Weinbrenner, er habe an seiner *vorhin so ganz eigenen und ausgezeichneten Heiterkeit äußerst gelitten.*

Man fragt sich, wie Feodor den Unterschied zwischen Rom und London empfunden hat; einen größeren konnte es kaum geben. Jemand, der es wissen musste, schrieb noch sehr viel später, es gebe *nur zwei Städte, die als Städte wert sind, daß man in ihnen ein ganzes Leben zubringe, London und Rom: London, die unerschöpfliche Gegenwart, Rom, die unerschöpfliche Geschichte.* In der englischen Metropole, deren Einwohnerzahl binnen kurzem auf über eine Million angestiegen war, pulsierte das Herz einer Weltmacht, und vielleicht trifft ja die Behauptung zu, dass Feodor, in wessen Auftrag auch immer, in jenen Jahren ein *großes allegorisch-historisches Bild über England und seine Besitzungen in andern Erdtheilen* verfertigt habe.

Die gewaltige Wirkung, die von den endlich ausgestellten ‚Elgin Marbles' ausging, hat er nicht mehr miterlebt. Dem Maler Benjamin Robert Haydon schien es, *als ob eine göttliche Wahrheit meinen Geist innerlich entflammt hätte, und ich wusste, dass sie die Kunst Europas schließlich aus ihrem nächtlichen Schlummer wecken würden.* Der Maler John Flaxman erklärte sie zu den *schönsten Kunstwerken, die ich je gesehen habe*; immerhin hatte er lange in Rom gelebt. Der große Canova, der sie im November 1815 zum ersten Mal sah, rief aus: *Oh, dass ich nur wieder beginnen müsste! und alles verlernen, was ich gelernt habe – jetzt erkenne ich endlich, worin die wirkliche Tradition der Bildhauerkunst bestehen sollte.* Noch heute verfehlen die ‚Elgin Marbles', die inzwischen in der ihnen gewidmeten Duveen Gallery im Britischen Museum ausgestellt sind, ihre Wirkung auf den Betrachter nicht.

Nachdem er zwei Jahre lang vergebens gewartet hatte, kehrte Feodor im Juni oder Juli 1805 wieder nach Deutschland zurück – doch nur, um gleich wieder in Frankreich einzureisen. Zu diesem Zweck wandte er sich an den badischen Außenminister, seinen Jugendfreund Ludwig von Edelsheim; dieser wandte sich an den französischen Außenminister, Charles Maurice Talleyrand, welcher wiederum an den französischen Polizeiminister, Joseph Fouché, schrieb, dass er *einen Paß an Herrn Feodor Ivannow, kalmückischer Nation, in der Umgebung von Astrachan geboren, Maler des Hofes von Baden, aushändigen werde, der sich (...) nach Paris zu begeben wünscht, um dort seine Kunst zu vervollkommnen und einige Dinge geldlicher Art gegen Lord Elgin, den Kriegsgefangenen, zu verfolgen.* Am 13. August hieß es in dem Tagesbericht, den Fouché an Napoleon sandte: *Calmonck kommt nach Paris um zu arbeiten und eine Affaire gegen Lord Elgin zu verfolgen: muß beobachtet werden.* Das war wahrlich eine Haupt- und Staatsaktion, die aber offenbar zu keinem Erfolg führte. Feodor verbrachte über ein halbes Jahr in Paris, wo ihm wohl wieder sein Freund Weinbrenner über den Weg lief, der Anfang 1806 die dortigen Theaterbauten studierte.

Elgin hatte kein Geld, nicht in Frankreich und auch nachher in England nicht, nachdem er 1806 aus der Haft entlassen und 1808 von Mary Nisbet geschieden wurde. 1816 musste er seine Sammlung, unter Verlust und weit unter Wert, an den Staat verkaufen, der sie dem Britischen Museum überließ. Zwar hat ihm, wie er noch im Oktober 1820 an Hamilton schrieb, die verwitwete Markgräfin *Rechnungen vom Kalmücken gegeben, der noch bei ihr in Baden lebt*; aber bezahlt hat er sie sicherlich nicht.

Was blieb? Ein Konvolut von insgesamt 85 meisterhaften Zeichnungen, die sich im Britischen Museum erhalten haben und die die Originale teils ergänzen, teils sogar ersetzen müssen; Zeichnungen vom Lysikratesdenkmal, vom Theseus- und vom Niketempel, vom Turm der Winde und vor allem vom Parthenon. Da gibt es, nur zum Beispiel, einen Aufriss des Ostgiebels, den Ittar gefertigt und in den Feodor die Skulpturen und die 14 Metopen eingefügt hat – diese im Format von jeweils 3,5 x 3,5 cm; und einen anderen, ebenfalls von Ittar, der die Südseite mit sämtlichen 32 Metopen zeigt – diese sind hier nur 2 x 2 cm groß und dennoch sehr genau.

Und es blieb das Verdienst, maßgeblich an einem Unternehmen teilgenommen zu haben, das der Kunstwelt die Augen öffnete und ihr neue Wege bahnte. *Man hat diese Erwerbungen als Tempelraub bezeichnet und scharf getadelt, in der Tat aber hat Graf Elgin diese Kunstwerke für Europa eigentlich gerettet und sie vor dem gänzlichen Untergange bewahrt – ein Unternehmen, welches jedesmal Anerkennung verdient.* Hegels Wertung trifft wohl noch immer zu. Ein Vergleich der Reproduktionen mit den vor Ort gebliebenen Originalen zeigt die schweren Schäden, die diese durch menschliche und meteorologische Einwirkung inzwischen genommen haben.

6. IN LOHN UND BROT

Es hat in Deutschland eine Zeit gegeben, wo die Gunst der Mächtigen dem Künstler unentbehrlich war. Sie vorzugsweise gaben ihm durch ihre Aufträge die Möglichkeit zu gedeihen, sie boten seinem äußern Leben Schutz und Schirm, in ihren Kreisen waren vorzugsweise die Charaktere und Stimmungen, die sichere und selbstbewußte Auffassung des Lebens zu finden, die der Künstler für seine Kunst nicht missen kann.

Gustav Freytag, Fürst und Künstler

Feodor fiel tief – aber weich. Schon im Juni 1803, bei einem Zwischenaufenthalt in Karlsruhe, hatte ihm Karl Friedrich in Aussicht gestellt, ihn nach der Rückkehr aus England zum badischen Hofmaler zu ernennen. Am 31. Mai 1806 war es dann soweit: *Seine Kurfürstliche Durchlaucht haben sich gnädigst entschlossen, den Maler Feodor Iwanowitsch (...) mit einer vom 23. April anfangenden Besoldung von Funfzehenhundert Gulden zum Kurfürstlichen Hofmaler zu bestellen*; und zwar mit der Maßgabe, *daß derselbe sich der Bildung junger Studirender in seinem Fach unterziehen, und alljährlich, auf jeweilige Anfrage, einen Urlaub von einigen Monaten zu genießen haben solle.* Zugleich wurde ihm ein einmaliges Geschenk von 1000 Gulden angewiesen. Keiner der am Hof tätigen Künstler erhielt ein auch nur annähernd so hohes Gehalt, und keiner hatte so geringe Pflichten; um von der großzügigen Urlaubsregelung noch ganz zu schweigen. (Dass man über die fragwürdige Herkunft eines Menschen hinwegsah, wenn er nur genügend Talent zeigte, kam erstaunlicherweise öfter vor: so hatte es der ‚Hofzwerg' François Cuvillés d.Ä. 1725 in München bis zum Hofbaumeister gebracht.) Die in Tübingen erscheinenden ‚Italienischen Miscellen' nannten ihn im selben Jahr *unstreitig einen der besten Zeichner unserer Zeit*.

Hier in Karlsruhe traf Feodor auch wieder mit Weinbrenner zusammen, der, nach den Worten seines Biographen, seit 1800 damit beschäftigt war, *die Stadt in ihrer Gesamtheit zu einem architektonischen Kunstwerk von zwingender Einheit zu machen.* Dabei bedachte und benutzte er das, was er sich in Rom angeeignet hatte.

Feodor wird sich, als er zurückkehrte, nicht wenig gewundert haben. Aus dem Markgrafen war ein Kurfürst geworden und sollte demnächst noch ein Großherzog werden; zugleich wuchsen die

Fläche des Landes und die Zahl seiner Einwohner auf das Vierfache an. Alles bekam einen anderen, größeren Zuschnitt.

Aber nach wie vor war der Hof der Mittelpunkt, von dem alles ausging, um den alles kreiste. Die *in fürstlichen Diensten stehenden Personen* stellten schon 1791 einen *beträchtlichen Theil der Einwohner* der Residenzstadt dar, und so fällt noch in deren erstem Verzeichnis, das im Jahre 1818 erschien, die übergroße Anzahl derer auf, die das Wörtchen ‚Hof-' vor ihre Berufsbezeichnung setzen durften. Da gab es nicht nur die Hofmaler Feodor, Kunz und Autenrieth, sondern auch einen -kupferstecher, einen -bildhauer, einen -baumeister und einen -bauinspektor. Für die geistigen Bedürfnisse sorgten Hofbibliothekar, -buchhändler, -buchdrucker und -buchbinder, für die körperlichen Hofkoch, -küchendiener, -bäcker, -konditor und -kaffeesieder; über einen -silberverwalter und einen -silberdiener gebot man ebenfalls. Hofkutscher, -jäger, -gärtner, -küchengärtner, -brunnenmeister und -holzgartenaufseher standen auch bereit. Um die Gesundheit kümmerten sich Hofmedicus, -chirurg, -operateur, -zahnarzt und -tierarzt, um die Sauberkeit dagegen Hofkaminfeger, -bodenwichser, -wäscherin und -waschmädchen. So gut wie jedes Handwerk bot einen der Seinen auf: einen Hofschmied, -wagner, -schreiner, -glaser, -dreher, -schlosser, -hafner, -sattler, -seiler, -gürtler, -bürstenmacher, -seifensieder, -schieferdecker. Den gehobenen Bedarf befriedigten Hofjuwelier, -vergolder, -goldsticker, -steinschleifer, -uhrmacher, -instrumentenmacher, -büchsenmacher, -posamentierer, -silberarbeiter, -lackierer, -kürschner, -sporer. Der Unterhaltung dienten Hoftheaterintendant, -theatermaschinist und fast 20 -schauspieler, dazu fast 40 -musikanten samt einem -pauker und einem -trompeter. Hinzu kamen ungezählte Hoflakaien, -bediente, -junker, -damen und -räte jeder Art. Man kann sie nicht alle aufzählen – aber vielleicht noch den Hoftanzmeister, den Hofschlosswächter, den Hofheubinder, den Hofbildergaleriediener und, zum kuriosen Schluss, die Hofportechaisenträgerswitwe Johanna Fuchs.

Wie schon Goethe sagte, war Deutschland, anders als Frankreich, groß durch seine Kultur, *die alle Teile des Reichs gleichmäßig durchdrungen hat. Sind es aber nicht die einzelnen Fürstensitze, von denen sie ausgeht und welche ihre Träger und Pfleger sind?* Diese *kleinen Residenzen* haben, nach den Worten des klugen Grafen Kessler, *gewiß viel Gutes getan für die allgemeine Bildung in Deutschland, sind kleine Kulturzentren gewesen*; so auch Karlsruhe. *Aber ich weiß nicht, ob nicht der Schaden, den sie angerichtet haben, indem sie mit der Kultur die allgemeine Servilität und Rückgratsverkrümmung in Deutschland auf das wirksamste gefördert und wie Pestzentren auf das platte Land und die Provinz verbreitet haben, noch viel größer gewesen ist. Sie haben die Kultur gefördert, aber den Menschen gebrochen.*

In Karlsruhe scheint sich Feodor gleich an die Arbeit gemacht zu haben. Erhalten hat sich aus dieser Zeit jedoch nicht viel, außer etwa einer Allegorie auf die Eheschließung des Erbprinzen Karl mit Stéphanie de Beauharnais, der Adoptivtochter Napoleons, die 1806 stattfand, und einer Reihe von Porträts, u.a. von Johann Peter Hebel und, von nun an immer wieder, von Weinbrenner, in dessen Haus der Maler wohnte. Wahrscheinlich musste er Mitglieder der fürstlichen Familie im Zeichnen unterrichten. Aber auch das Vergnügen kam nicht zu kurz: in Rechnungen aus den Jahren 1806/07 ist von Schlittschuhen und von Sporen sowie von der Reparatur eines englischen Sattels die Rede; wohl desselben Sattels, den er sich 1802 nach Griechenland hatte kommen lassen. Feodor, hoch zu Ross: ein sonderbares Bild!

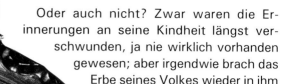

Oder auch nicht? Zwar waren die Erinnerungen an seine Kindheit längst verschwunden, ja nie wirklich vorhanden gewesen; aber irgendwie brach das Erbe seines Volkes wieder in ihm durch. *Dem Kalmüken ist das Pferd Alles, und Weiber reiten so gut als Männer, und Heirathsanträge werden zu Pferd gemacht; der Freiwerber muß das Mädchen zu Pferde einholen, und wenn dieses ihn nicht will, so galloppirt es so stark, daß es vergebens ist, es zu verfolgen.* Den Kunstkritikern fiel immer wieder das Verständnis auf, mit dem Feodor die Pferdebilder des Parthenon wiedergegeben und sogar ergänzt hat.

Im Jahre 1806 kam Franz Joseph Gall, der Begründer der Schädellehre, nach Karlsruhe, um auch dort seine vielbesuchten Vorlesungen zu halten. Nach einem Bericht im ‚Morgenblatt für gebildete Stände' war Feodor *einer der eifrigsten Hörer* und zugleich ein genauer Beobachter; denn er porträtierte den berühmten Mann und wollte das Bild, das sich freilich nicht erhalten hat, sogar noch radieren. Dass Gall den Maler aber *sogleich beim ersten Anblick, gegen die bisherige Meinung, nicht für einen Kalmücken, sondern für chinesischer Abkunft erklärte*, und vor allem, dass er an dessen Kopf *das Organ des Farbensinnes in der höchsten Entwicklung vorzeigte*, ist einer von vielen Beweisen dafür, dass seine Theorie – nicht anders als die nicht minder populäre Lavaters – auf tönernen Füßen stand; denn mit Farben hatte Feodor, der Zeichner, zeitlebens wenig im Sinn. (Von Goethe hatte Gall behauptet, er sei *eigentlich zum Volksredner geboren*, worüber der Dichter *nicht wenig* erschrak: war er etwa auf dem falschen Weg?)

Im Februar 1810 schrieb ein nicht weiter bekannter Autor im ‚Journal des Luxus und der Moden': *Bei Herrn Weinbrenner fand ich (...) auch ein paar Zeichnungen seines Hausgenossen, des bekannten Kalmücken Feodor, welchen sein Nomadenblut nächstens wieder von hier wegtreiben wird.* Es war wohl weniger die Stimme seines Blutes als vielmehr die Sehnsucht nach den alten Freunden und nach der Stadt, die ihn wieder nach Rom zog, wo er im Juni desselben Jahres eintraf und noch am Tag seiner Ankunft ein Künstlerfest besuchte. (*Es ist überall wohlthätig, wenn sich verwandte Menschen treffen; aber wenn sie sich auf so klassischem Boden finden, gewinnt das Gefühl eine eigene Magie schöner Humanität.* Johann Georg Seume hatte diese Worte geschrieben, als er auf seiner Wanderung nach Syrakus im Jahre 1802 durch Rom kam und mit Reinhart, Gmelin, Fernow und Canova zusammentraf. Feodor, den er leider verfehlte, hätte sie gewiss unterschrieben, und überhaupt hätten die beiden gut zueinander gepasst.)

Noch immer *pflegten die deutschen Künstler sich fast alle Abende zu versammeln, um in corpore in irgendein Weinhaus zu ziehen; nicht zu gedenken, daß es dabei meistens nicht am würdigsten zuging, war es noch gleichsam eine ausgemachte Sache, daß dabei von Kunst nicht die Rede sein dürfe, teils um keine Zwistigkeiten zu veranlassen, teils weil man meinte, daß wenn man sich den ganzen Tag damit geplagt habe, man am Abend mit gutem Gewissen sich einer so lästigen Sache, wie die Kunst sei, wohl ein wenig entladen dürfe.* So also ging es in jenem Jahr 1810 in Rom zu; nämlich nach den Worten des Malers Friedrich Overbeck, der sich inzwischen von dem bunten Treiben abgewandt und den frommen Nazarenern angeschlossen hatte.

Die kleine Schar der Älteren, die in Rom die Revolution überdauert hatten, und denen man zum Teil schon anfing, Veteranenverehrung zu zollen, wies vor allem den kernhaften Reinhart auf, den rüstigen Jägersmann, der gerne Abends beim Wein Jüngere um sich versammelt sah und für die spanischen Weinschiffe an der Ripa Grande eine besondere Vorliebe hegte; dann den Teufels-Müller, der noch zehn Jahre länger in Rom war als jener, sich seit dem Besuch des Kronprinzen Ludwig, dem er als Führer durch die ewige Stadt gedient hatte, wieder in gesicherter Lage befand und in der deutschen Kolonie wegen seiner pikanten Histörchen ebenso beliebt wie wegen seines bösen Mundwerks gefürchtet war; den im Ruf eines Münchhausens stehenden geschickten Landschaftsmaler Joh. Martin Rohden, der damals noch nicht mit der Tochter des Sibyllenwirts von Tivoli, dem bevorzugten Ort seiner Studien, vermählt war; den bäuerisch witzigen Koch, der mit seiner Urwüchsigkeit ebenso oft die Gesellschaft belustigte, als er durch Leichtgläubigkeit und Furchtsamkeit den Zielpunkt gutmütiger Spöttereien abgab; endlich Thorvaldsen, der zwar wenig zur Unterhaltung beitrug, aber ein großer Freund von langen Abendsitzungen bei nordischem Punsch und Bischof war, und zeitweilig auch Feodor Iwanowitsch, der seinem kalmückischen Ursprung häufig durch schwere Räusche Ehre machte. Das war Feodor, so wie man ihn leider kannte. *Von Jüngeren waren hinzugekommen vor allen die Malerbrüder Riepenhausen aus Hannover, die unermüdlich waren im Veranstalten von Künstlerlustbarkeiten bei Wein, Gesang und Tanz mit Haustöchtern und anderen Mädchen aus der Nachbarschaft, wozu ein im Hause wohnender Schuster aufspielte; der Maler Ferd. Jagemann aus Weimar, der das Waldhorn blies und gelegentlich Zacharias Werner auf verliebte Abenteuer führte ...* um nicht noch weitere Namen zu nennen. In der schönen Jahreszeit traf man sich oft außerhalb der

Stadt in irgendeinem Weinlokal, auf dem Monte Mario, beim Grabmal der Caecilia Metella an der Via Appia Antica oder im beliebten Tivoli.

Der ‚Kalmuck' *sitzt still und seelig da und bläst mit rüsselförmig vorgeschobenen Lippen die Wolken aus seinem Thonpfeifchen vor sich hin*; so hat ihn der Arzt Eduard Meißner in seinem Tagebuch porträtiert. Am 18. September 1810 trat Feodor, zusammen mit einigen anderen Künstlern, eine Reise nach Neapel und Salerno an. Am 23. November fand dann ein großes Abschiedsfest für ihn und drei weitere Deutsche statt; dazu nochmals Meißner: *Die Bekanntschaft dieses Mannes gemacht zu haben, ist mir sehr lieb, er ist der wunderbarste Mensch, den ich je sah. Kalmuck wird er genannt, weil er wirklich ein Kalmücke; Feodor Iwanow heißt er nur nebenher. Er ist jetzt ungefähr 60 Jahre alt, er weiß sein Alter nicht genau anzugeben.* Seine Kompositionen mit Bleistift und Feder *sind charakteristisch und reich an Fantasie. Seine Zeichnungen aus Griechenland sind in England; sie sollen ganz außerordentlich sein.*

Eigentlich hatte Feodor gleich nach seinem Abschiedsfest aufbrechen wollen, aber offenbar ließ ihn die Stadt nicht los. Am 14. Dezember notierte der Dichter Zacharias Werner, nachdem er in einer Trattoria auf der Piazza Barberini eingekehrt war: *einige fremde Deutsche, auch der Cosack sind da*; und noch am 3. März 1811 schrieb Friedrich Emich Freiherr von Uexküll-Gyllenband aus Rom an seinen Bruder August Heinrich: *Feodor der Calmuck geht mit einigen anderen zu Fuß über Ancona, Florenz, Mailand und das südliche Frankreich nach Paris und dann heim.* Nicht jeder hätte, in seinem Alter, einen solchen Weg auf sich nehmen können.

In Karlsruhe ging Feodor mit neuem Schwung ans Werk. In einer Zeitungsnotiz vom 16. August 1811 heißt es, dass er, anlässlich der Taufe der erstgeborenen Prinzessin von Baden, an der Herstellung von Festdekorationen beteiligt war; und als man im Dezember der Namenstag der nunmehrigen Großherzogin Stéphanie feierte, wirkte er wohl auch an dem Maskenzug mit, bei dem die olympischen Götter sowie Menschen in verschiedenen Nationalkostümen auftraten. Weinbrenner ließ ihn die sitzende Germania für ein Völkerschlachtdenkmal in Leipzig und für ein ähnliches Denkmal in Karlsruhe entwerfen, die aber beide nicht ausgeführt wurden.

Nach 1811 malte Feodor für den Tanzsaal des ‚Badischen Hofes' ein ‚Bacchanal', und schon 1812 schrieb das ‚Journal des Luxus und der Moden', man erblicke hier *mit wahrem Vergnügen wieder etwas von den leider so seltenen Arbeiten des seiner Individualität und seinen Darstellungen nach, originellen hiesigen Künstlers, Feodor. Er, der auf dem classischen Boden Roms und Griechenlands, mit der Weihe und Liebe zur Kunst erfüllte NaturSohn habe das Bild in kräftigen Umrissen und mit kecker Hand* vollendet. Auf diesem

Meisterstücke der Kunst von dem seltnen Genie und der Hand des Hrn. Hofmalers Feodor werde (so Theodor Hartleben in seiner Beschreibung der Stadt Karlsruhe, die 1815 erschien) *das Aug des Kenners wie des Kunstliebhabers mit höchstem Vergnügen verweilen*. Das Bild, eine Grisaille, stellte *einen anmutig heiteren Reigen von Satyrn zu Ehren des Weingottes* dar, eben jenes Bacchus, dem Feodor selber *nur zu oft gefrönt*. In der Tat scheint ihm dieses Thema besonders gefallen zu haben, so dass er es gleich mehrfach gestaltete; wobei sich Erinnerungen an römische Feste und römische Werke miteinander mischten. Aus den englischen Jahren hat sich eine Zeichnung erhalten, die eine wildbewegte, figurenreiche Szene zeigt: ein auf einem Esel reitender, betrunkener Silen wird von Bacchanten umringt; zur Linken lässt sich Dionysos, lässig auf einen Knaben gestützt, von einer Mänade den Becher füllen; zur Rechten liegt ein Satyr berauscht am Boden.

Um 1813 begann Feodor ein Gemälde der sogenannten Hochberg'schen Kinder, die aus der zweiten, nicht standesgemäßen Ehe Karl Friedrichs hervorgegangen waren; ein nicht ganz unproblematisches Projekt.

> Zur Erinnerung: Amalie Friederike Landgräfin von Hessen-Darmstadt hatte 1774 den badischen Thronfolger Karl Ludwig, Sohn des damaligen Markgrafen Karl Friedrich, geheiratet und bei dieser Gelegenheit den Kalmücken nach Karlsruhe gebracht. Aus der Ehe gingen sechs Töchter und zwei Söhne hervor, von denen aber nur einer überlebte. Die Töchter wurden allesamt gut verheiratet, u.a. an den König von Bayern, den Kaiser von Russland, den König von Schweden, den Herzog von Braunschweig, weswegen die Mutter als ‚Schwiegermutter Europas' in die Geschichte eingegangen ist. Der Vater kam schon 1801 bei einem Unfall ums Leben, so dass nach dem Tod des inzwischen zum Großherzog aufgerückten Großvaters Karl Friedrich, nämlich 1811, der überlebende Sohn Karl Ludwig Friedrich die Regierung übernahm. Schon 1806 hatte er, sehr gegen seinen Willen, eine Adoptivtochter Napoleons heiraten müssen, der derart die Ostgrenze seines Landes sichern wollte. Aus dieser Ehe mit Stéphanie Louise Adrienne Napoleone Beauharnais entsprossen wiederum drei Töchter und ein früh verstorbener Sohn (es sei denn, dass der legendäre Kaspar Hauser auch ein solcher Sohn war; aber diese, in der Tat unendliche Geschichte kann hier nicht auch noch erzählt werden).
>
> Karl Ludwig Friedrich starb 1818, worauf sein Onkel Ludwig Wilhelm August zum Großherzog ernannt wurde; dessen älterer Bruder Friedrich, ein General in holländischen Diensten, war schon 1817 gestorben. Und als im Jahre 1830 auch Ludwig Wilhelm

August starb, war guter Rat teuer, denn männliche Nachkommen von Karl Friedrich gab es nun nicht mehr.

Oder doch? Nach dem Tod seiner Gemahlin Karoline Luise, 1783, hatte er bekannt: *Ich spüre Triebe nach dem weiblichen Geschlecht, und denen mögte ich auf eine erlaubte, mir, meinem Hauße und dem Lande unschädliche Art genüge thun.* So heiratete er 1787 ‚zur linken Hand' die um 40 Jahre jüngere Hofdame Luise Karoline Geyer von Geyersberg, die zugleich zu einer Freifrau, 1796 zu einer Reichsgräfin von Hochberg aufstieg und deren Nachkommen dann das Haus Baden fortpflanzten; ihr ältester, 1790 geborener Sohn Karl Leopold Friedrich trat 1830 die Regierung an.

Als Feodor die Hochberg'schen Kinder malte (und eines von ihnen, wohl den zukünftigen Thronfolger, noch eigens zeichnete), war noch längst nicht sicher, wie es mit ihnen weitergehen sollte. *Vermutlich trug das Gefühl, unerwünscht zu sein und deshalb abgelehnt zu werden, das sie schon früh erfahren mußten, dazu bei, daß sie sich in geschwisterlicher Liebe desto enger aneinander anschlossen, wobei die Führungsrolle eindeutig Leopolds jüngerem Bruder Wilhelm zufiel, was der Maler einfühlsam mit der beschützenden Geste Wilhelms ins Bild gebracht hat.* Erst 1819 wurden die Kinder der Gräfin von den europäischen Großmächten als legitime Erben anerkannt.

Nach 1813 schuf Feodor am Eckrondell des ‚Neuen Museums', dessen Entwurf wiederum von Weinbrenner stammte, eine monumentale ‚Apotheose Homers'. Dieses ‚Museum' war freilich kein Ausstellungs-, sondern ein Versammlungsgebäude der Museumsgesellschaft, deren Zweck – wie es in ihrem Baugesuch hieß – *nicht Speculation oder Gewerb oder ein sonstiger Privat-Gebrauch, sondern lediglich edle und schöne Geistes-Bildung und Erhöhung geselliger Cultur* sein sollte. Und ‚Museum' hieß das Haus, weil es den Musen, den Schutzgöttinnen der Künste, gewidmet war; mit ihrer Anrufung hatte Homer seine ‚Odyssee' eingeleitet.

Ebenfalls von 1813 an arbeitete Feodor an Darstellungen des Lebens Jesu und der vier Evangelisten, die in der evangelischen Stadtkirche ihren Platz finden sollten. Zur Erleichterung seiner Arbeit beschloss man zunächst, ihm im Magazingebäude im Bauhof ein Atelier einzurichten. Doch da sich *Ihre Hoheit die Frau Markgräfin wegen Feodor verwand, und ihn auch selbsten mehrmalen mit den hohen Herrschaften besuchte, so wurde von der Kirchenbaukommisssion für anständig, zweckmäßig und für das ökonomischste gehalten, daß man demselben nicht nur den Mahler Saal allein, sondern auch noch ein zweites Arbeitszimmer für einen Gehülfen mit einer kleinen Wohnung für Hofmahler Feodor selbsten erbaut.*

So geschah's, auch *weil selbsten S. Königl. Hoheit der Großherzog ein Wohlgefallen zu äußern geruhte, daß Feodor so fleißig arbeitet*. Natürlich hatte Weinbrenner, der gute Freund, hier wieder seine Hand im Spiel; er war ja auch der Architekt der Kirche, deren Bau 1807 begonnen und 1816 beendet wurde.

Feodor entwarf sieben Grisaillen mit Szenen aus dem Neuen Testament, die an den Brüstungen der nördlichen, linken Empore angebracht wurden; außerdem, für die Orgelempore, Porträts der vier Evangelisten. Ausgeführt wurden sie aber allesamt von fremder Hand, nämlich von den Malern Karl Sandhaas und Franz Joseph Zoll. Fast konnte man glauben, Basreliefs zu sehen, wenn auch eher griechische oder römische als eigentlich christliche. (Den Kunsthistoriker Wilhelm Hausenstein erinnerten sie an *Reliefs aus der Antike des Wedgwoodstils*, also an das bekannte, von Josiah Wedgwood in England produzierte und von antiken Vorbildern inspirierte Steingut. Sein maßgeblicher Gestalter John Flaxman lebte von 1787 bis 1794 in Rom, so dass Feodor ihn gekannt haben müsste.)

Die Bilder scheinen zu ihrer Zeit einiges Aufsehen erregt zu haben. Von der ‚Anbetung der Könige' hieß es, kurz nach ihrer Vollendung, in einem Kunstblatt: *Die Zeichnung von Feodor ist meisterhaft zu nennen, und es thut wohl, unter so vielen Reminiszenzen und Productionen ängstlicher Bestrebung endlich wieder einmal etwa Gediegenes, aus selbstthätiger Kraft Hervorgegangenes zu erblicken.* Zugleich zeigt dieses Bild, aus welchen Quellen der Maler, hier wie überhaupt, schöpfte, wovon er noch immer zehrte. Das Gedränge von exotischen Menschen und Tieren erinnert an das auf antiken Sarkophagen; in dem knienden König hat Feodor eine von ihm sel-

ber stammende Vorlage ('Priamos erfleht von Achill den Leichnam Hektors') wiederholt, in dem von hinten dargestellten Kind eine Vorlage Raffaels aus den Loggien ('Die Teilung des Landes'); der Pferdeführer zur Linken erinnert an die Rossebändiger im Quirinal zu Rom, während, wenn nicht alles täuscht, ein Kameltreiber zur Rechten die Züge des Malers selber trägt.

Man tritt Feodor freilich kaum zu nahe, wenn man ihm unterstellt, dass unter den sieben biblischen Szenen eine ist, die er mit besonderer Hingabe gestaltet hat: nämlich die 'Hochzeit zu Kanaan' mit der wunderbaren Verwandlung von Wasser in Wein. Man sah Jesus, der mit dem Brautpaar und den Gästen am Tisch saß; eine Frau, die ihrem Kind die Brust gab; einen Diener mit den Krügen, die mit antiken Bildern, ja sogar mit einem tanzenden Satyr geziert waren; weitere Diener, die Speisen hereintrugen; vier Musikanten mit Harfe, Flöte, Triangel und Tamburin. Das war ein Fest, wie Fe-

odor es selber nur zu gerne feierte. Und von den vier Evangelisten mag ihm Lukas der liebste gewesen sein, weil er, der Überlieferung nach, auch ein Maler war. Feodor gab ihm ein Bild bei, das Maria mit dem Jesusknaben zeigte, aber die von dem Heiligen gehaltene Schrifttafel ließ er, anders als bei den anderen, leer.

Ob nun auf der Suche nach Inspiration, oder ob aus bloßem Interesse – jedenfalls erschien er, zusammen mit dem Hofgärtner Johann Michael Zeyher, am 6. Februar 1815 in Heidelberg, wo eine berühmte Sammlung altniederländischer und altdeutscher Bilder zu sehen war. (Karl Friedrich Schinkel, der sie im folgenden Jahr besuchte, meinte, dass sie *bei weitem alles andere hinter sich lasse und bis jetzt schon das Kostbarste und Vortrefflichste sei, was in dieser Art zusammengebracht ward*.) Sulpiz Boisserée, dem sich diese Sammlung vor allem verdankte, vermerkte in seinem Tagebuch: *der Kalmuk Feodor, Hof-Maler von Karlsruhe, merkwürdige Physiognomie.*

7. ES WIRD DUNKEL

Zerfallen mit der Zeitgenossenschaft, die ihm um seines üblen Leumunds willen aus dem Wege ging und ihn verachtete, entfremdet seiner Umwelt, ganz vereinsamt, fand Rembrandt in den winkeligen Krämergassen des Amsterdamer Ghettos seine Herberge.

Wilhelm Fraenger, Synagoge und Orient

Am 4. Oktober 1815 kam es zu einer denkwürdigen Begegnung – und zwar mit keinem anderen als Goethe, der mit Sulpiz Boisserée für ein paar Tage nach Karlsruhe gekommen war und sich mit Weinbrenner, Hebel, Karl Christian Gmelin und dem Mathematiker Karl Wilhelm Boeckmann im Rondellsaal des ‚Neuen Museums' getroffen hatte, das erst im Dezember des Vorjahrs eingeweiht worden war (und an dessen Außenseite sie den von Feodor ausgeführten Figurenfries sehen konnten). Nach der Besichtigung dieses Hauses suchten die Herren das Naturalienkabinett auf, das sich in der Hofbibliothek neben der Schlosskirche befand; unterwegs kamen noch der Hofmaler Karl Kunz und der Hofkupferstecher Christian Haldenwang hinzu. Der Jurist und Schriftsteller Ferdinand Leopold Karl von Biedenfeld, ein weiterer Teilnehmer, berichtete:

Am Eingang zum Naturalienkabinett fand sich noch eine der merkwürdigen Karlsruher Gestalten ein, der Hofmaler Iwan, ein Kalmücke, der vom Kaiser von Rußland der Markgräfin Amalie als Leibeigener geschenkt worden, hier natürlich der Freiheit und seinem Hange gemäß der Erziehung zum Zeichner und Maler genossen, als solcher in Italien und Deutschland sich einen recht hübschen Namen erworben hatte, halb deutsch, halb kalmückisch sich kleidete, gewöhnlich gutmütig und jovial, aber wenn der Wein ihn belebte, was ihm häufig geschah, ein schroffer Geradeaus voll kaustischer Kritik und unsauberer Witze. Sein Auftreten verriet einen solchen Zustand. Goethe, obgleich selber nichts weniger als ein Feind von einem Glas edlen Weines, schien nicht sehr angenehm berührt durch dieses Zusammentreffen und erwiderte die überherzliche Begrüßung mit zugemessen majestätischer Höflichkeit. Wir alle besorgten eine Störung unseres Genusses durch den Aufgeregten, da kam glücklicherweise ein Hoflakai außer Atem mit dem Bescheide, daß er augenblicklich zum Großherzog kommen solle. Mit ein paar gesunden Flüchen machte sich der Vierschrötige auf den Weg und versprach sein baldiges Eintreffen im Naturalienkabinett. ‚Ausgestopft müßte er sich dort gut ausnehmen', bemerkte Goethe lächelnd zu Gmelin.

Sein Versprechen hat Feodor nicht eingelöst; wie denn überhaupt zu vermuten ist, dass der Hof ihn durch den erwähnten Bescheid entfernen und derart dem Dichterfürsten aus Weimar die absehbaren Peinlichkeiten ersparen wollte.

> Doch die Bemerkung, mit der der hohe Gast die Begegnung beendete, sollte nicht zu leicht genommen werden; sie hat einen durchaus ernsten Hintergrund. Da hatte es nämlich einmal einen gewissen Angelo Soliman gegeben, der um 1721, angeblich als Abkomme von Häuptlingen, im heutigen Nigeria geboren und von feindlichen Kriegern geraubt worden war. Auf Umwegen gelangte er als Geschenk an den Fürsten Johann Georg Christian von Lobkowitz und, nach dessen Tod, an den Fürsten Wenzel von Liechtenstein; unter ihm und unter seinem Nachfolger Franz Joseph nahm er in Wien die hervorragendsten Stellungen ein. Er wurde sogar in eine Freimaurerloge aufgenommen, in der er mit Mozart zusammentraf. Dessen ungeachtet wurde er nach seinem Tod im Jahre 1796 ausgestopft und als halbnackter Wilder mit Federkrone und Muschelkette im Kaiserlichen Naturalienkabinett ausgestellt. Ein Parallel-, ein Präzedenzfall? Solimans Schicksal zeigt, dass man – und dass selbst Goethe – seinesgleichen immer noch als Rarität und Kuriosität und allenfalls als Halbmenschen betrachtete. Er war ja nur einer der vielen ‚Hofmohren', die es damals gab, und nicht viel mehr als ein ‚Hofzwerg' oder ein ‚Hofnarr'.

Ob Goethe aber wirklich wusste, wem er in Karlsruhe begegnet war? *Von Elgins Marmoren vernahm man immer mehr und mehr* gab er, im fernen Weimar, erst im Jahre 1817 zu Protokoll, und sie würden ihn, wenn er *einigermaßen mobil wäre, gewiß vom Platze ziehen.* Schon im Vorjahr hatte er gefragt, inwiefern *die Abzeichnung der Marmore wirklich im Gange ist, und wann man etwa hoffen könnte, eine Herausgabe, und wäre es auch nur theilweise, zu erleben.* Goethe musste sich gedulden, was ihm umso schwerer fiel, als andere die Arbeiten Feodors gesehen und ihm von ihnen erzählt hatten. *Der Kalmücke Feodor (so hörten wir ihn beständig nennen) ist ein mit sehr vielem Talent begabter Mann, dessen reinliche Zeichnungen fast immer Geschmack und Geist verrathen; daß er aber die für seinen Theil an der Unternehmung erforderliche geläuterte Kenntniß des Alterthums und der Kunstdenkmale besitze, die zarten Nuancen des verschiedenen Styls in den letzten beständig aufmerksam beobachtet und in seine Zeichnungen übergetragen, möchte wohl,*

7. Es wird dunkel

ohne ihm Unrecht zu thun, bezweifelt werden. Da indessen von allen merkwürdigen Bildwerken auch Abgüsse genommen worden; so hat man keine Ursache von den an Ort und Stelle vermuthlich mit mancherlei Unbequemlichkeit verfertigten Zeichnungen die alleräußerste Genauigkeit zu verlangen. So schrieb Goethe im Jahre 1817 über die Zeichnungen, die er nur vom Hörensagen kannte; aber war ihm bewusst, dass er ihren Urheber kennengelernt hatte? (Goethe gab keine Ruhe; schließlich gelang es ihm, sich auch die *casts of the Elgin marbles* zu verschaffen, die ein Besucher im Jahre 1829 in seinem Arbeitszimmer sah.)

Feodor wohnte und arbeitete in dem für ihn eingerichteten Haus, das sich in dem ‚Bauverwaltungs-Gebäude' in der Langen Straße Nr.12, gleich hinter dem Durlacher Tor, befand; unter dieser Adresse und als *Feodor Ivanoff, Hofmaler* steht er im ersten Einwohnerverzeichnis der Residenzstadt, das, wie schon erwähnt, 1818 erschien. Und warum ‚Ivanoff'? So oder so ähnlich nannte er sich jetzt und wurde er von anderen genannt; aus welchem Grund, ist ungewiss. (Der Name ‚Iwanowitsch', den man ihm bei der Taufe in Irkutsk verpasst hatte, verwies ja auf einen Vater namens Iwan, den es gewiss nicht gab.) Aber unter wievielen Namen hatte man ihn nicht schon geführt, angefangen mit seinem kalmückischen, den nicht einmal er selber kannte?

Die Arbeit ging ihm nun kaum noch von der Hand, und aus der Öffentlichkeit zog er sich mehr und mehr zurück. So glänzte er auch durch Abwesenheit, als Weinbrenner, Hebel, der damalige Oberbürgermeister August Klose und andere im Jahre 1818 den Karlsruher Kunstverein gründeten; immerhin waren bei dessen erster Ausstellung noch einige seiner Werke zu sehen. Klose, ein Freund Feodors, der für ihn auch *eine Menge Zechen zu bezahlen hatte*, ermahnte den Maler *zur Arbeit, wozu ich beauftragt war, und nun war es mit unserer Freundschaft zu Ende*. Zwar war Feodor, wie ein Besucher im Jahre 1820 schrieb, *fortwährend mit einem Altarblatte, die Auferstehung Christi – beschäftigt. Die dazu verfertigten Studien sind im kühnen, großen Styl der alten Florentiner*, also nicht, wie die Grisaillen, in dem der Antike. Aber über die Studien kam er nicht hinaus.

Im Frühjahr 1823 fragte das Hofmarschallamt bei den Hofkünstlern nach, ob sie ihren Verpflichtungen nachkämen, und *da nun der Hofmahler Feodor Iwanoff verpflichtet ist sich der Bildung junger Studirender in seinem Fach zu unterziehen so sehen wir binnen 12 Tagen einer berichtl. Anzeige darüber entgegen inwiefern diese Verpflichtung von demselben erfüllt wird oder nicht*; auch solle er mitteilen, *wie diese junge Leute heißen, ob sich Talente bei denselben entwickeln u. wieviele Stunden Unterricht wöchentl. gegeben wird.* In einem späteren Bericht heißt es dann, dass Feodor *einigen jungen Leuten Unterricht im zeichnen gegeben, Wappen und Orden für das Geheim-Cabinet verfertigt und Zeichnungen für die Kirche geliefert habe*; außerdem sei er *im Grund ein Pensionair.*

Zu diesen Schülern zählte Johann Christian Lotsch, der 1790 in Karlsruhe geboren worden war. Er hatte als Zeichner begonnen, sich als Gehilfe Feodors von 1816 bis 1821 in der evangelischen Stadtkirche als Maler betätigt, sich aber dann der Bildhauerei zugewandt und war schon 1822 mit einem durch Weinbrenner vermittelten Stipendium nach Rom gegangen, wo er mit Thorvaldsen in Verbindung trat. (Dass er, wie verschiedentlich behauptet, an dessen Restaurierung der Ägineten mitgewirkt habe, trifft jedoch nicht zu.) Er, der *Bildhauer Lotsch aus Baden versammelte wöchentlich mehrmals in seinem Hause einen Kreis erlesener Männer, welche auf allen Gebieten des Geisteslebens nach Vollendung strebten*; zu ihnen gehörte, nach einem zeitgenössischen Bericht, vor allem der Nazarener Philipp Veit, der abwechselnd aus einer Kirchengeschichte und aus den Werken Shakespeares vorlas. Seinem Lehrer schickte und schenkte Lotsch eine von ihm geschaffene Büste eines alten Freundes, nämlich die des Malers Joseph Anton Koch, der noch immer in Rom lebte, so wie auch Reinhart und Rohden. Ihnen schloss sich noch der sehr viel jüngere Maler Ludwig Richter an, als er im Jahre 1823 eintraf; *gleich dem andächtigen Pilgersmann betrat ich den Boden der heiligen Stadt mit dem glückseligen Gefühle, am Ziele jahrelang gehegter Wünsche angelangt zu sein.*

Und als Joseph Victor Scheffel im Jahre 1852 nach Rom kam, wo es ihm schien, *als müßte mir hier in Wahrheit ein neues glückliches Leben aufgehen* – da war es kein anderer als *der alte Meister Lotsch*, der sich seiner annahm: *ein trefflicher, durch allerhand Lebenserfahrungen etwas rauh gewordener und doch ächt sinniger Künstler*. Lotsch, der, wie Koch und andere, eine Italienerin geheiratet hatte, ließ sich nur noch selten in der alten Heimat blicken, schuf jedoch Skulpturen etwa für die Stephanskirche und die Kunsthalle in Karlsruhe, die Trinkhalle in Baden-Baden und den Rosengarten auf der Insel Mainau; er skizzierte Szenen aus dem italienischen Volksleben und karikierte seine Künstlerfreunde. 1858 wurde er zum Hofbildhauer ernannt, 1873 ist er gestorben. Wenn Feodor jemals einen Schüler hatte, der ihm nahekam, dann ihn.

Wie schlecht es um Feodor inzwischen stand, zeigt Weinbrenners Bericht vom Oktober 1825: *Das Attelier des Hofmalers Feodor Iwanow*

7. Es wird dunkel

wurde behendt erbaut und eingerichtet, um ein Altarbild in der Evangelischen Kirche dahier zu erhalten. Alle erforderliche Vorkehrungen sind deshalb getroffen, Farben, Modelle, sogar das Tuch für das Bild, mit nicht ohnbedeutenden Kosten, angeschafft worden. Hofmaler Feodor hat bereits nicht allein die Scizzen entworfen, mehrere Teile davon in Wax possirt, sondern das Bild selbst, im Großen, auf das Altarblatt aufgezeichnet, und somit alles, bis auf das Ausmalen preparirt. Eine Sistirung dieses Gegenstandes, wozu bereits die Hälfte der Kosten verwendet sind, würde einem Barbarismus gleichen; dagegen aber gestatten die Gesundheits Umstände des Hofmaler Feodors, wenig Hoffnung daß der Zweck oder das Ausmahlen dieses von demselben schön componirten Bildes, jemahls durch ihn, zu erreichen stehet. Daher solle Feodor aufgefordert werden, *eine Erklärung abzugeben, ob bey seinen physischen Verhältnissen derselbe, sich das Ausmahlen oder Beendigung seiner schönen Composition zutraue? oder aber, wenn dieses nicht der Fall sein sollte, entweder von ihm selbst, ein Individuum erwählt werde, welches sich unter seiner Aufsicht, dem praktischen Ausmahlen dieses fraglichen Altarbildes, unterzöge.* Freilich hing schon seit 1820 ein Altargemälde, das die Himmelfahrt Christi zeigte, am vorbestimmten Platz; den Auftrag hatte man, wohl weil man der Sache schon längst nicht mehr traute, um 1815 dem Weimarer Hofmaler Ferdinand Jagemann erteilt, und es scheint, dass Goethe, der ihn gut kannte und sich von ihm porträtieren ließ, dabei den Vermittler spielte. (Jagemanns Schwester Karoline, eine Schauspielerin, war übrigens die berühmt-berüchtigte Mätresse des Weimarer Herzogs und machte als solche Goethe das Leben schwer; Jagemann selber war mit Feodor, bei dessen zweitem römischem Aufenthalt, zusammengetroffen und im Herbst 1816 als Besucher nach Karlsruhe gekommen.)

Auch um Feodors Hauswesen war es nicht gut bestellt. Die diesbezüglichen Klagen, die er schon im April 1820 mündlich vorgebracht hatte, wurden bald nach seinem Tod durch einen Bericht der Baubehörde vollauf bestätigt. *Die von dem Hofmaler Feodor Ivannoff innegehabte Wohnung besteht aus dem Malersaal durch 2 Stockwerke gehend, dann aus 2 Zimmern im untern Stock zusammen 227 Q.Fuß groß, ferner aus zwei gleich großen Zimmern im obern Stock, einer Küche und einem Abtritt, endlich aus dem Speicher, in welchen man aus der Küche mittelst einer schmalen Treppe kommen kann. Die Umfassungen dieser Wohnung sind alle bis auf eine Giebelmauer Holzwände, Keller unter dem Haus ist keiner vorhanden und zur Holzremise wird ein nebenanliegendes Magazin benutzt. Zu einer Kammer dient der unter der Stiege im untern Stock befindliche Raum. In dem Malersaal hat der laufende Schwamm bereits Riegelwände, Fußboden und Fundamente angegriffen; der-*

selbe wird wohl schwerlich hier zu vertilgen seyn, weil das Haus, das ohnehin seiner versteckten Lage halber der Einwirkung der Luft gänzlich entbehrt, so tief steht, daß das Trauf- und Regenwasser durch die sehr dünnen und schlechten Fundamente durchdringt, sich den Böden, Riegelwänden mittheilt, und dadurch die Entstehung und Ausbreitung dieses zerstörenden Übels befördert.

Im selben Haus wohnte auch ein junger Mann namens Jakob Doxie, der Feodor als Farbenreiber zur Hand ging; wobei dieser aber kaum noch etwas malte, und schon gar nichts Farbiges. Aus der nahen Spitalstraße, in der sie wohnten, kamen der Schuhwichser Wilhelm Rempp und seine Frau, um den Haushalt und den kleinen Hühnerhof zu besorgen. Das Mittag- und Abendessen, Bier und noch mehr Wein wurden aus dem ‚Ritter' und dem ‚Goldenen Ochsen' gebracht. Rechnungen für Augenwasser weisen darauf hin, dass Feodors Sehkraft nachgelassen hatte. Andererseits kaufte er gelegentlich bei Karlsruher Kunst- und Buchhändlern ein. Im August 1830 ließ er sich sogar noch einen Degenstock anfertigen und den dazugehörigen, darin verborgenen Degen schleifen. Fühlte er sich verfolgt? Gegen wen glaubte er, sich verteidigen zu müssen?

Er hätte, auch in finanzieller Hinsicht, ein besseres Leben führen können; aber Staatsrat Wilhelm Reinhard, der seit April 1817 das beträchtliche Gehalt des Hofmalers empfing und für ihn verwaltete, steckte einen Großteil davon in seine eigenen Unternehmungen, anstatt anstehende Rechnungen zu bezahlen. In Grünwinkel erwarb Reinhard 1820 eine kleine Fabrik, die er an den Chemiker Anton Sinner verpachtete und in der vor allem der giftige Bleizucker hergestellt wurde, den die Winzer zum Süßen des sauren Weins benutzten. Rohrzucker, der aus den Kolonien kam, war ja teuer, und die ersten Versuche mit Rübenzucker liefen gerade erst an. (Beethoven soll an dem Gift gestorben sein.)

August Klose gab nachträglich zu Protokoll, *daß die Geisteskräfte des Feodor längst auf das Tiefste herabgesunken waren* und *daß sein Leben nur noch ein Vegetieren war.* Hinzu kam wohl auch, dass Weinbrenner, sein lebenslanger Freund, Helfer und Gönner, am 1. März 1826 unversehens starb. Seine einstige Besitzerin und ebenso beständige Beschützerin, Markgräfin Amalie, hatte sich, da sie sich weder mit der Gemahlin ihres Sohnes noch mit der zweiten Gemahlin ihres Schwiegervaters vertrug, schon lange nach Bruchsal zurückgezogen, wo sie am 21. Juni 1832 starb.

Feodor starb am 27. Januar 1832, *morgens um halb 5 Uhr in einem Alter von 69 Jahren*; und zwar *nach langewährendem Magenleiden*, wie es in der Anzeige hieß, die am folgenden Tag in der ‚Karlsruher Zeitung' erschien (und die ihn, wie um das Maß der Missverständnisse noch voll zu machen, *Frodor* nannte). Auf diese

Weise sollte der Todesfall *seinen Freunden* mitgeteilt werden; aber ob er überhaupt noch welche hatte?

Bezeichnenderweise hielt sich in Karlsruhe noch lange das – von Vierordt überlieferte – Gerücht, er habe eines Abends *des Weines zu viel genossen; in der dunkeln Stube stieg er, statt zu Bette, zum Fenster hinaus und brach den Hals*. Se non è vero, è ben trovato.

Sein Testament hatte *Feodor Ivannoff*, wie er sich schrieb, im November 1830 gemacht. Demnach wurde sein Erbe in vier gleiche Teile geteilt; jeweils einer davon ging dann an das Ehepaar Rempp, seinen Helfer Doxie und seine beiden Schüler, den Maler August Bootz in Rastatt und den Bildhauer Lotsch in Rom. Zu seinem dinglichen Nachlass gehörten, unter anderem, vier Staffeleien, ein Lithographiestein, eine Hobelbank, einige Wachs- und Gipsfiguren, ein Totenkopf, eine Landkarte und eine Bibel; ein Barometer, einige silberne Löffel und ein Nachtgeschirr; drei Paar Hosen, acht Hemden, zwei Jacken, eine Kappe und ein Mantel; zwölf Hühner und ein Hahn.

Zwischen Bootz und Lotsch entstand noch ein unschöner Streit um ein Elfenbeinrelief, angeblich von Michelangelo, das eine ‚Kreuzabnahme' darstellte. Es stammte aus dem Vatikan, wo Feodor es wohl gesehen und auch schon gezeichnet hatte, war dann in die Hände eines französischen Offiziers gelangt, der in Not geriet und es in Karlsruhe mittels einer Lotterie zu Geld machen wollte. Feodor erkannte das Werk wieder, erwarb es zum verlangten Preis und gab es auch nicht mehr her, als man ihm eine sehr beträchtliche Summe, nämlich 7000 Gulden, dafür bot. Offenbar hatte es ihm als Vorbild für seinen diesbezüglichen Stich gedient.

Im Atelier, das ja auf Staatskosten eingerichtet worden war, zeigte sich, dass *nur das etliche 20 Schuhe hohe und 12 Schuhe breite Stück grundirte Antwerper Leinwand auf einem Rahmen mit großem Gerüst aufgespannt vorhanden, und auf davor hängender gleich großer Pappier Fläche die Grundrisse der Figuren des vielversprechenden Altarblattes szizirt sind*. Weit war Feodor also nicht gekommen, und seit Weinbrenners Bericht, also seit sieben Jahren, hatte er offenbar gar nichts mehr getan. Nun konnte man nur noch die *Hinweg Räumung dieses Gerüstes und Aufrollung des Leinwandes und Pappieres auf eine Walze* in die Wege leiten.

In den Akten, die nun geschlossen wurden, heißt es dann, dass der *wegen seiner Eigenheiten wohl bekannte pensionirte Hofmaler Feodor Ivanoff aus der Kallmukei im russischen Asien* keine Nachkommen habe, und seine sonstigen Verwandten seien *Kalmuken und unbekannt*.

8. NACHWORT

Fremd bin ich eingezogen, fremd zieh' ich wieder aus.

Wilhelm Müller, Die Winterreise

Schon bald war Feodor vergessen – obwohl er doch einmal mit den Großen seiner Zeit bekannt und selber bekannt, ja berühmt gewesen war. (Eine anonyme Lithographie zeigt sein Selbstbildnis als eines der *berühmten Deutschen des 19. Jahrhunderts*, neben Goethe, Schiller, Humboldt und anderen.) Um 1870 erblickte Heinrich Vierordt beim Besuch der evangelischen Stadtkirche in Karlsruhe die *grau in grau getönten Wandmalereien, und ich wünschte zu wissen, wer die seltsamen, aschenfahlen Gebilde, die Auftritte aus dem Leben des Heilands darstellen, geschaffen haben mochte. Niemand konnte mir über ihren Schöpfer genügend Auskunft geben.* Auch Wilhelm Hausenstein hat sie, wie gesagt, noch gesehen. Aber dann wurden sie bei der Bombardierung der Stadt im Jahre 1944 zerstört, so wie seine großen Gemälde im ‚Badischen Hof' schon 1935 und am Museumsgebäude schon 1918 zerstört worden waren. Anderes missglückte aus fremder Schuld, wie die Kupferstiche nach den ‚Elgin Marbles', die seinen Namen weit hinausgetragen hätten, noch weiter als die nach der Florentiner Tür; oder es missglückte, weil ihm die Lust oder die Kraft fehlte, weil er den Mund nicht halten konnte, weil er sich nicht in der Hand hatte, weil seine Trunksucht ihn übermannte. Aber letzten Endes scheiterte er daran, dass er nirgends heimisch wurde, dass er ein Fremder war und blieb: der Kalmück.

NACHWEISE

[2]
in einem ... Lager herumgetragen: Velte, 2.
in einem Zelte: Vierordt, 71.
Kallmucken: Zedler, 130.
sind starck ...als diese: ebd.
das weiße ... charakterisieren scheinet: Herder, 157.
durch ihre ... abstehenden Ohren: Weber, 7.
und die ... die größten: ebd.
Kalmücken geben ... der Zukunft: ebd., 10.
ist von ... sich nachzudenken: Pascal, 79.
ließe man ... sich zerstreut: ebd., 78.
ein Kalmücke ... erziehen lassen: Katharina, 118.
Frisierbursche: ebd.
In den ... Käfigs wütet: Staël, 71f.
Tatarische Gestalt: zit.n.Velte, 2.
um selbst ... ausüben wollte: zit.n. ebd.
wie ein ... als Barbaren: Selg/Wieland, 365.
Die Geschichte ... verdammlichen Zwecke: Seume, Mein Leben, 60.
guter Leute: zit.n. Velte, 3.
die guten ... den Papageien: zit.n. ebd., 4.
in eine ... Sommerhäuschen steht: Brunn, 28.
mit blauem ... Papier bezogen: Sillib, 42.
eine Reihe ... von Papiermaché: ebd.
die Chinesisch ... erblicken sollten: zit.n. ebd., 71.
die mit ... Hochfürstliche Panquet-Taffel: zit.n. ebd., 70.
Pagoden oder ... zugerichte Speiße: zit.n. ebd.
man sucht ... empfunden wird: Kauffmann, 476.
jungen Calmucken: Lavater, 312.
Die mißproportionirte ... bosheitsloser Wildheit: ebd.
ein sonderbares ... und Schmeichler: ebd.
aus der ... zu finden: Lichtenberg, 43.
daß man ... die Ochsen: ebd., 93.
Lavater war ... und andere: Eckermann, 317.
die Ankunft ... dicker geworden: zit.n. Velte, 9.
nicht mehr ... wie früher: zit.n. ebd., 4.

[3]
mercklliches gebessert ... andern hervorgethan: zit.n. ebd., 10.
äußerst gebildeter ... wissenschaftlicher Mann: Weinbrenner, 20.
meinen Dank ... erwiesene Leitung: ebd.

nach dem Runden: zit.n. Velte, 11.
Mäuler, Nasen ... Hände, Füße: zit.n. ebd.
ein Blatt ... zum radiren: zit.n. ebd., 12.
Das geistlose ... und Modell: Koch, 45.
daß, wenn ... geformt erscheinen: ebd.
überaus geduldige ... zu verwenden: Kügelgen, 406f.
mechanische Kopistenarbeit: Richter, 63.
worauf es ... wenigstens klar: ebd.
Ich kam ... nachbilden sollte: Thoma, 30.
den Unterricht ... Porträtmahlen ausgezeichnet: zit.n. Velte, 16.
den Kalmucken ... zu iniziieren: zit.n. ebd.
jetzt der ... hinweg geht: zit.n. ebd.
zu einer ... das weitere: Vierordt, 71f.

[4]
Anderer Orten ... und Staunen: Goethe, Italienische Reise, 142f.
Und spricht ... freundlich an!: Goethe, Torquato Tasso, 304 (V,4).
der Ort ... eins zusammenzieht: zit.n. Haufe, 142.
nur für ... Welt hier: zit.n. ebd., 139.
O wie ... nordischer Tag: Goethe, Römische Elegien, 169.
Mein erstes ... demselben bekanntmache: Weinbrenner, 76.
Kalmücken: Koch, 103.
nichts Schöneres ... breiten Backenknochen: ebd.
breitbackigen Kalmucken: ebd., 69.
nur dazu ... zu erregen: ebd., 132.
Lustfahrt: Fernow, 151.
Huren: ebd.
Der Kalmuck ... bringen wollte: ebd., 151f.
die besonders ... bestehen könnte: zit.n. Velte, 24.
als gute ... Wasser bespritzen: Weinbrenner, 84.
Feodor, als ... die Stadt: ebd., 85.
an ein ... wieder her: Boisserée, 431.
die italienischen ... uns nachtragend: Weinbrenner, 105.
Als nun ... ordinären Eselstreiber: ebd., 105f.
wegen seiner ... berühmte Calmücke: zit.n. Velte, 191.
als kunstreicher ... in Rom: zit.n. ebd.
von Künstlern ... Meisterstück bewundert: zit.n. ebd.
führte mich ... Tür still: Eichendorff, 800.
eine lange ... stand daneben: ebd., 801.
unser tiefgrünes ... den Bergen: ebd.
Die untergegangene ... liegen sah: ebd., 808.
in hundert ... Wein hingegeben: zit.n. Velte, 22.
den berühmten Kalmucken: zit.n. ebd., 3.
eine vortreffliche Zeichnung ... Theseus darstellend: zit.n. ebd.

Vom Calmuke ... Rom 1798: zit.n. ebd., 264.
Kalmücke: zit.n. ebd., 22.
ist bei ... ohne Rast: zit.n. ebd.
ein guter ... lieben muß: zit.n. ebd.
unter Aufsicht mehrerer Alterthumsforscher: zit.n. ebd., 72.
sehr genau: zit.n. ebd.
alle Kenner ... in Erstaunen: zit.n. ebd., 179.
so schön ... stehen könnten: Vasari, 83.
Die bronzerne ... Iwanowitsch, Kalmuk: zit.n. Velte, 241.
gewiß mit Vergnügen: zit.n. ebd., 82.
auch durch ... Zeichner Feodor: zit.n. ebd., 82f.
auf allen ... Art angesehen: zit.n. ebd., 23.
der einzige ... jemals hervorbrachte: zit.n. ebd., 7.

[5]
Ambassador Extraordinary ... Selim III.: King, 223.
Theodore Ivanovitch, a Cossack: ebd., 229.
Lord Elgin's Calmuck: Cook, 69.
and that ... made thereto: zit.n. King, 260.
Was ihm ... gewesen wäre: Rodenwaldt, 29.
zog das ... Ostfront erwarteten: ebd., 35f.
Die reinsten ... Athen reisen: Winckelmann, 10.
eine edle ... stille Grösse: ebd., 27.
Das Land ... Seele suchend: Goethe, Iphigenie auf Tauris, 148 (I,1).
Seeliges Griechenland!: Hölderlin, 374.
O Land des Homer!: ebd., 338.
und der ... der Burgmauern: zit.n. Velte, 28.
den Architekten ... langsam vorwärts: zit.n. ebd.
Kopien und ... zu befördern: zit.n. ebd.
und schon ... machen wird: zit.n. ebd., 29 (korr.).
Indem er ... haben mussten: St. Clair, 65 (Übers. v. Verf.).
mit ausgezeichnetem ... großer Geschicklichkeit: zit.n. Velte, 91.
daß auch ... seiner Landsleute: zit.n. ebd., 6 (korr.).
mit seinen ... worden war: zit.n. ebd., 6f. (korr.).
wahrhaft skythisches ... alkoholischen Getränken: zit.n. ebd., 23 (korr.).
The Casiot-Master ... to Aegina: zit.n. ebd., 238.
der Kalmück ... ganz verdreht: zit.n. ebd., 29f.
so erschüttert ... Sachen bekäme: zit.n. ebd., 30 (korr.).
das größte ... fertig macht: zit.n. ebd.
Der Kalmücke ... scheint unbesiegbar: zit.n. ebd., 31.
zu Athen ... kläglichsten Umständen: zit.n. ebd., 32.
die Elginsche Kunstplünderung Griechenlands: Fernow, 389.
nur einige ... Fluge erblickt: zit.n. Velte, 32.

Bewunderung, die sie hervorriefen: zit.n. Velte, ebd. (korr.).
von Troja ... genauer Verbindung: zit.n. ebd., 33.
Mr. Feodor ... his drawings: zit.n. Rothenberg, 181.
the Calmuck's drinking: St. Clair, 146.
vorhin so ... äußerst gelitten: zit.n. Velte, 34.
nur zwei ...unerschöpfliche Geschichte: Kessler, 259.
großes allegorisch-historisches ... andern Erdtheilen: zit.n. Velte, 272.
als ob ... wecken würden: zit.n. Cook, 81 (Übers. v. Verf.).
schönsten Kunstwerke ... gesehen habe: zit.n. ebd., 84 (Übers. v. Verf.).
Oh, dass ... bestehen sollte: zit.n.ebd., 83 (Übers. v. Verf.).
einen Paß ... zu verfolgen: zit.n. Velte, 35.
Calmonck kommt ... beobachtet werden: zit.n. ebd.
Rechnungen vom ... Baden lebt: zit.n. ebd., 36.
Man hat ... Anerkennung verdient: Hegel, 107.

[6]
Seine Kurfürstliche ... zu bestellen: zit.n. Velte, 37.
daß derselbe ... haben solle: zit.n. ebd.
unstreitig einen ... unserer Zeit: zit.n. Obser, 21.
die Stadt ... zu machen: Valdenaire, 77.
in fürstlichen ... stehenden Personen: Brunn, 33.
beträchtlichen Theil der Einwohner: ebd.
die alle ... Pfleger sind? Eckermann, 703f.
kleinen Residenzen: Kessler, 392.
gewiß viel ... Kulturzentren gewesen: ebd.
Aber ich ... Menschen gebrochen: ebd.
Dem Kalmüken ... zu verfolgen: Weber, 9f.
einer der eifrigsten Hörer: zit.n. Velte, 56.
sogleich beim ... Abkunft erklärte: zit.n. ebd.
das Organ ... Entwicklung vorzeigte: zit.n. ebd.
eigentlich zum Volksredner geboren: Goethe, Dichtung und Wahrheit, 490.
nicht wenig: ebd.
Bei Herrn ... wegtreiben wird: zit.n. Velte, 40.
Es ist ... schöner Humanität: Seume, 140.
Da ich ... entladen dürfe: zit.n. Haufe, 180.
pflegten die ... Ehre machte: Noack, 150.
Von Jüngeren ... Abenteuer führte: ebd.
Der ‚Kalmuck' ... sich hin: zit.n. Velte, 41.
Die Bekanntschaft ... genau anzugeben: zit.n. ebd., 42.
sind charakteristisch ... außerordentlich sein: zit.n. ebd.
einige fremde ... sind da: Z. Werner, 227.

Nachweise

Feodor der ... dann heim: zit.n. Velte, 42.
mit wahrem ... Künstlers, Feodor: zit.n. ebd., 132.
auf dem ... erfüllte NaturSohn: zit.n. ebd.
in kräftigen ... kecker Hand: zit.n. ebd.
Meisterstücke der ... Hofmalers Feodor: Hartleben, 78.
das Aug ... Vergnügen verweilen: ebd., 78f.
einen anmutig ... des Weingottes: Schneider, Badische Malerei, 23.
nur zu oft gefrönt: ebd.
Ich spüre ... genüge thun: zit.n. Zier, 53.
Vermutlich trug ... gebracht hat: Großherzog Leopold von Baden, 27.
nicht Speculation ... geselliger Cultur: zit.n. Valdenaire, 182.
Ihre Hoheit ... selbsten erbaut: zit.n. Velte, 115.
weil selbsten ... fleißig arbeitet: zit.n. ebd.
Reliefs aus ... des Wedgwoodstils: Hausenstein, 14.
Die Zeichnung ... zu erblicken: zit.n. Velte, 128.
bei weitem ... zusammengebracht ward: Schinkel, 90.
der Kalmuk ... merkwürdige Physiognomie: Boisserée, 167.

[7]
Am Eingang ... zu Gmelin: Goethe, Gespräche, Erster Teil, 848f.; Valdenaire, 324–326 (erg.).
Von Elgins ... und mehr: Goethe, Annalen, 889.
einigermaßen mobil ... Platze ziehen: Goethe, Briefe 1814–1832, 238.
die Abzeichnung ... zu erleben: Goethe, Schriften zur Kunst, 734.
Der Kalmücke ... zu verlangen: zit.n. Velte, 111.
casts of ... Elgin marbles: Goethe, Gespräche, Zweiter Teil, 651.
Feodor Ivanoff, Hofmaler: Rady/Scholl, 49.
eine Menge ... bezahlen hatte: zit.n. Velte, 51.
zur Arbeit ... zu Ende: zit.n. ebd., 52.
fortwährend mit ... alten Florentiner: zit.n. ebd., 125.

da nun ... oder nicht: zit.n. ebd., 45.
wie diese ... gegeben wird: zit.n. ebd.
einigen Jungen ... geliefert habe: zit.n. ebd.
im Grund ein Pensionair: zit.n. ebd.
Bildhauer Lotsch ... Vollendung strebten: zit.n. Schneider, Lotsch, 326.
gleich dem ... zu sein: Richter, 175.
als müßte ... Leben aufgehen: zit.n. Zentner, 30.
alte Meister Lotsch: zit.n. ebd., 44.
ein trefflicher ... sinniger Künstler: zit.n. ebd., 32.
Das Attelier ... erreichen stehet: zit.n. Velte, 124.
eine Erklärung ... Altarbildes, unterzöge: zit.n. ebd.
Die von ... Übels befördert: zit.n. ebd., 47f.
daß die ... herabgesunken waren: zit.n. ebd., 52.
daß sein ... Vegetieren war: zit.n. ebd., 50.
morgens um ... 69 Jahren: Karlsruher Zeitung, 28. Januar 1832, S.198.
nach langewährendem Magenleiden: ebd.
Frodor: ebd.
seinen Freunden: ebd.
des Weines ... den Hals: Vierordt, 71.
Feodor Ivannoff: zit.n. Velte, 49.
nur das ... szizirt sind: zit.n. ebd., 124.
Hinweg Räumung ... eine Walze: zit.n. ebd.
wegen seiner ... russischen Asien: zit.n. ebd., 54.
Kalmuken und unbekannt: zit.n. ebd.

[8]
berühmten Deutschen ... 19. Jahrhunderts: zit.n. Velte, 275.
grau in grau ... Auskunft geben: Vierordt, 71.

LITERATUR

Dieses Buch hätte nicht geschrieben werden können ohne ein anderes, kaum noch auffindbares, das ihm um über vier Jahrzehnte vorausging und nicht genug zu loben ist:

Velte, Margrit-Elisabeth: Leben und Werk des badischen Hofmalers Feodor Iwanowitsch Kalmück (1763–1832). Diss. phil. Karlsruhe 1973.

Die Verfasserin hat aus den entlegensten Quellen geschöpft, und was sie zutage förderte, konnte unbesehen übernommen, wenn auch vielfach noch ergänzt werden. Alle Funde, alte und neue, werden nun aber nicht mehr dokumentarisch präsentiert, sondern in einen neuen, erzählerischen Zusammenhang eingebettet und eingeschmolzen. Und hatte die Verfasserin noch Leben und Werk getrennt behandelt, und die Behandlung des Werks nochmals in Katalog und Kommentar geteilt, was freilich nicht immer gelang: so wird diese Gliederung nun zugunsten einer strikt chronologischen und in sich logischen Darstellung aufgelöst, wobei die ausführlichen Beschreibungen und Bewertungen der einzelnen Werke, die ihr Buch auszeichnen, wegfallen konnten. Dagegen ging es hier darum, mit weiteren Materialien die Hintergründe auszumalen und auszuleuchten, vor denen die Figuren erst richtig sichtbar werden – vor allem die des Kalmücken Feodor Iwanowitsch, die nach wie vor von Geheimnissen umwittert bleibt.

Balet, Leo/Gerhard, E.: Die Verbürgerlichung der deutschen Kunst, Literatur und Musik im 18. Jahrhundert. Straßburg/Leipzig/Zürich/Leiden 1936.

Becke-Klüchtzner, E. von der: Stamm-Tafeln des Adels im Großherzogthum Baden. Ein neu bearbeitetes Adelsbuch. Baden-Baden 1886.

Blom, Philipp/Kos, Wolfgang (Hrsg.): Angelo Soliman. Ein Afrikaner in Wien. Wien 2011.

Boisserée, Sulpiz: Tagebücher. Bd.1. 1808–1823. Hrsg. von Hans-J. Weitz. Darmstadt 1978.

Borchardt-Wenzel, Annette: Die Frauen am badischen Hof. Gefährtinnen der Großherzöge zwischen Liebe, Pflicht und Intrigen. 2.Aufl. Gernsbach 2010.

Bruford, Walter Horace: Deutsche Kultur der Goethezeit. Konstanz 1965.

Brunn, Friedrich Leopold: Briefe über Karlsruhe. Hrsg. von Gerhard Römer. Karlsruhe 1988.
Cook, B.F.: The Elgin Marbles. 12.Aufl. London 2012.
Eckermann, Johann Peter: Gespräche mit Goethe in den letzten Jahren seines Lebens (= Gedenkausgabe Bd.24). Hrsg. von Ernst Beutler. Zürich 1948.
Eichendorff, Joseph von: Aus dem Leben eines Taugenichts. In: J.v.E., Werke. Hrsg. von Wolfdietrich Rasch. 2.Aufl. München/Wien 1982, S.747–832.
Everke, Gerhard: Gradus ad Parnassum. Weinbrenners erfüllte Studienjahre in Rom. In: Friedrich Weinbrenner. 1766–1826. Architektur und Städtebau des Klassizismus (= Ausstellungskatalog). 2.Aufl. Petersberg 2015, S.61–73.
Fellhauer, Manfred: Industrie, Handwerk und Gewerbe. In: Grünwinkel. Gutshof, Gemeinde, Stadtteil. Karlsruhe 2009, S.158–167.
Fernow, Carl Ludwig: „Rom ist eine Welt in sich". Briefe 1789–1808. Bd.1. Hrsg. von Margrit Glaser und Harald Tausch. Göttingen 2013.
Gallwitz, Klaus (Hrsg.): Die Nazarener in Rom. Ein deutscher Künstlerbund der Romantik. München 1981.
Goethe, Johann Wolfgang: Römische Elegien. In: Sämtliche Gedichte. Erster Teil (= Gedenkausgabe Bd.1). Hrsg. von Ernst Beutler. Zürich 1950, S.161–181.
–: Iphigenie auf Tauris. Zweite Fassung. Ein Schauspiel. In: Die Weimarer Dramen (= Gedenkausgabe Bd.6). Hrsg. von Ernst Beutler. Zürich 1954, S.148–212.
–: Torquato Tasso. Ein Schauspiel. Ebd. S.213–314.– : Aus meinem Leben. Dichtung und Wahrheit (= Gedenkausgabe Bd.10). Hrsg. von Ernst Beutler. Zürich 1948.
–: Die italienische Reise. Die Annalen (= Gedenkausgabe Bd.11). Hrsg. von Ernst Beutler. Zürich 1950.
–: Schriften zur Kunst (= Gedenkausgabe Bd.13). Hrsg. von Ernst Beutler. Zürich 1954.
–: Briefe der Jahre 1814–1832 (= Gedenkausgabe Bd.21). Hrsg. von Ernst Beutler. Zürich 1951.
–: Gespräche. Erster Teil (= Gedenkausgabe Bd.22). Hrsg. von Ernst Beutler. Zürich 1949.
–: Gespräche. Zweiter Teil (= Gedenkausgabe Bd.23). Hrsg. von Ernst Beutler. Zürich 1950.
Gröber, Conrad: Römisches Tagebuch. Hrsg. von Johannes Werner. Freiburg/Basel/Wien 2012.
Hartleben, Theodor: Statistisches Gemälde der Residenzstadt Karlsruhe und ihrer Umgebungen. Karlsruhe 1815.

Haufe, Eberhard (Hrsg.), Deutsche Briefe aus Italien. Von Winckelmann bis Gregorovius. 2.Aufl. Leipzig 1971.
Hausenstein, Wilhelm: Badische Reise. München 1930.
Hegel, Georg Friedrich Wilhelm: Ästhetik. Bd.2. Hrsg. von Friedrich Bassenge. 2.Aufl. Berlin/Weimar o.J.
Herder, Johann Gottfried: Ideen zur Philosophie der Geschichte der Menschheit. Wiesbaden o.J.
Hölderlin, Friedrich: Sämtliche Werke und Briefe. Bd.1. Hrsg. von Michael Knaupp. München 1992.
Hug, Wolfgang: Aus der Vielfalt ein Ganzes. Vor 200 Jahren wurde Baden zum Großherzogtum. In: Badische Heimat 1/2006, S.4–11.
Jenkins, Ian: „Athens Wiedergeburt in der Nähe des Pols". London, Athen und die Idee der Freiheit. In: Metropole London. Macht und Glanz einer Weltstadt (Ausstellungskatalog). Recklinghausen 1992.
– : The Parthenon Sculptures in the British Museum. 3.Aufl. London 2015.
Katharina II., Memoiren. Bd.1. Hrsg. von Annelies Graßhoff. München 1987.
Kessler, Harry Graf: Tagebücher. 1918–1937. Hrsg. von Wolfgang Pfeiffer-Belli. Frankfurt a.M. 1961.
King, Dorothy: The Elgin Marbles. London 2006.
Kircher, Gerda: Badische Hofporträtisten des 18. Jahrhunderts. In: ZGO NF Bd.56 (1943), S.451–503.
Klein, Hans H.: Goethe in Karlsruhe. In: Haller, Herbert u.a. (Hrsg.): Staat und Recht. Festschrift für Günther Winkler. Wien/New York 1997, S.411–434.
Knauber, Hubert: Sibylla Augusta und ihr Chinesisches Fest (= Schriften der Museums-Gesellschaft Ettlingen Bd.1). Ettlingen 1975.
Koch, Joseph Anton: Moderne Kunstchronik. Briefe zweier Freunde in Rom und der Tartarei über das moderne Kunstleben und Treiben; oder die Rumfordische Suppe. Hrsg. von Hilmar Frank. Leipzig/Weimar 1984.
Kügelgen, Wilhelm von: Jugenderinnerungen eines alten Mannes. Leipzig 1954.
Lavater, Johann Caspar: Physiognomische Fragmente zu Beförderung der Menschenkenntniß und Menschenliebe. Bd.4. Leipzig/Winterthur 1778.
Lepenies, Wolf: Melancholie und Gesellschaft. Frankfurt a.M. 1969.
Lichtenberg, Georg Christoph: Über Physiognomik wider die Physiognomen zur Beförderung der Menschenliebe und Menschenkenntnis. In: G.C.L., Ausgewählte Werke. Bd.2. Hrsg. von Ernst Johann. Frankfurt a.M./Wien o.J., S.32–100.

–: Fragment von Schwänzen. Ebd. S.167–175.

Noack, Friedrich: Deutsches Leben in Rom. 1700 bis 1900. Stuttgart 1907.

Obser, Karl: Feodor Iwanow. Ein Karlsruher Maler aus der Zeit des Klassizismus. In: Ekkhart 11 (1930), S.18–27.

Pascal, Blaise: Über die Religion und über einige andere Gegenstände (Pensées). Berlin 1940.

Petrat, Gerhardt: Die letzten Narren und Zwerge bei Hofe. Reflexionen zu Herrschaft und Moral in der Frühen Neuzeit. Bochum 1998.

Rady, Mauritius von/Scholl, Johann (Hrsg.): Wegweiser für die Großherzogliche Residenzstadt Karlsruhe. Karlsruhe 1818.

Reategui, Petra: Weinbrenners Schatten. Historischer Kriminalroman. O.O. 2014.

Richter, Ludwig: Lebenserinnerungen eines deutschen Malers. Frankfurt a.M. 1980.

Rodenwaldt, Gerhart: Akropolis. 4.Aufl. Berlin 1941.

Rothenberg, Jacob: ‚Descensus Ad Terram'. The Acquisition and Reception of the Elgin Marbles. New York/London 1977.

Schinkel, Karl Friedrich: Reisen in Deutschland. Hrsg. von Carl von Lorck. Essen 1956.

Schmitz, Heinz-Günter: Das Hofnarrenwesen der frühen Neuzeit. Claus Narr von Torgau und seine Geschichten (=Dichtung-Wahrheit-Sprache Bd.1). Münster 2004.

Schneider, Arthur von: Philipp Jakob Becker. Ein Pforzheimer Maler der Karl-Friedrich-Zeit. 1759–1829. In: Mein Heimatland 29 (1942), S.373–376.

–: Johann Christian Lotsch (1790–1873). Ein badischer Bildhauer und Zeichner des Klassizismus. In: Zeitschrift für die Geschichte des Oberrheins NF 70 (1961), S.323–340.

–: Badische Malerei im 19. Jahrhundert. Karlsruhe 1968.

Schumann, Ulrich Maximilian: Friedrich Weinbrenner. Klassizismus und ‚praktische Ästhetik'. Berlin/München 2010.

Schwarzmaier, Hansmartin: Hof und Hofgesellschaft Badens in der ersten Hälfte des 19. Jahrhunderts. In: Karl Möckl (Hrsg.), Hof und Hofgesellschaft in den deutschen Staaten im 19. und beginnenden 20. Jahrhundert (=Deutsche Führungsschichten in der Neuzeit Bd.18). Boppard 1990, S.129–157.

Selg, Anette/Wieland, Rainer (Hrsg.), Die Welt der Encyclopédie. Frankfurt a.M. 2001.

Seume, Johann Gottfried: Spaziergang nach Syrakus im Jahre 1802. Nördlingen 1985.

–: Mein Leben. Nördlingen 1986.

Sillib, Rudolf: Schloß Favorite und die Eremitagen der Markgräfin Franziska Sibylla Augusta von Baden-Baden (=Neujahrsblätter der Badischen Historischen Kommission NF 1). Heidelberg 1914.
Sombart, Werner: Liebe, Luxus und Kapitalismus. München 1967.
Spaude, Edelgard: Eigenwillige Frauen in Baden. Freiburg 1999.
St. Clair, William: Lord Elgin and the Marbles. Oxford/New York 1998.
Staël, Madame [Germaine] de: Jahre im Exil. Hrsg. von Gisela Schlientz. Stuttgart 1975.
Steiger, Robert: Goethes Leben von Tag zu Tag. Eine dokumentarische Chronik. Bd.1. 1749–1775. Zürich/München 1982.
Steiger, Robert/Reimann, Angelika: Goethes Leben von Tag zu Tag. Eine dokumentarische Chronik. Bd.6. 1814–1820. Zürich/München 1993.
Suhr, Norbert: Lotsch, Christian. In: Neue Deutsche Biographie Bd.15. Berlin 1987, S.242–243.
Thoma, Hans: Im Winter des Lebens. Aus acht Jahrzehnten gesammelte Erinnerungen. Jena 1925.
Unterberger, Rose: Die Goethe-Chronik. Frankfurt a.M./Leipzig 2002.
Valdenaire, Arthur: Friedrich Weinbrenner. Sein Leben und seine Bauten. 2.Aufl. Karlsruhe 1926.
Vasari, Giorgio: Lebensbeschreibungen der ausgezeichnetsten Maler, Bildhauer und Architekten der Renaissance. Nach Dokumenten und mündlichen Berichten dargestellt. Hrsg. von Ernst Jaffé. Berlin o.J.
Vierordt, Heinrich: Das Buch meines Lebens. Erinnerungen. Stuttgart o.J.
Warnke, Martin: Hofkünstler. Zur Vorgeschichte des modernen Künstlers. Köln 1985.
[Weber, Karl Julius]: Demokritos, oder hinterlassene Papiere eines lachenden Philosophen. Bd.10. 6.Aufl. Stuttgart 1858.
Weinbrenner, Friedrich: Denkwürdigkeiten. Hrsg. v. Arthur von Schneider. Karlsruhe 1958.
Werner, Johannes: Baden, Böhmen und der Orient. Barocke Geographie im Schloß Favorite. In: Die Ortenau 57 (1977), S.262–268.

–: Der große Pan von Schwetzingen oder Die Versöhnung mit der Natur. In: Badische Heimat 3/1979, S.365–371.
–: Simplicissimus als Narr. In: Die Ortenau 59 (1979), S.262–265.
–: Von Hofnarren und Hofzwergen. In: Badische Heimat 4/1980, S.145–153.
–: Ex oriente lux. Über das Orientalische im Werk von Wilhelm Hausenstein. In: Dieter Jakob (Hrsg.), Orient & Okzident. Austausch oder Kampf der Kulturen? (=Wilhelm-Hausenstein-Symposium 2006). München 2008, S.23–29.
–: Chinesisches im badischen Barock. Eine Erinnerung aus gegebenem Anlass. In: Badische Heimat 4/2015, S.611–616.
Werner, Zacharias: Die Tagebücher. Hrsg. von Oswald Floeck (=Bibliothek des Literarischen Vereins zu Stuttgart Bd.289). Leipzig 1939.
Winckelmann, Johann Joachim: Gedancken über die Nachahmung der Griechischen Wercke in der Mahlerey und Bildhauer-Kunst/ Sendschreiben/Erläuterung. Hrsg. von Max Kunze. Stuttgart 2013.
Yalouris, Nikolaus: Klassisches Griechenland. Die Marmorskulpturen des Parthenon (Die Elgin Marbles). München 1960.
Zedler, Johann Heinrich: Großes vollständiges Universal-Lexicon aller Wissenschaften und Künste ... Bd.15. Halle/Leipzig 1737.
Zentner, Wilhelm (Hrsg.): Scheffel in Italien. Briefe ins Elternhaus. 1852–1853. Karlsruhe 1929.
Zier, Hans Georg: Daß das Wohl der Regenten mit dem Wohl des Landes innig vereiniget sey. In: Carl Friedrich und seine Zeit (=Ausstellungskatalog). Baden-Baden 1981, S.49–54.

Baden und Württemberg im Zeitalter Napoleons. Bd.1.1, 1.2, 2 (=Ausstellungskatalog). Stuttgart 1987.
Großherzog Leopold von Baden. 1790–1852. Regent, Mäzen, Bürger. Versuch eines Porträts (=Ausstellungskatalog). Karlsruhe 1990.

PERSONEN

Alembert, Jean le Rond d' 8
Autenrieth, Karl Friedrich 14–16, 36

Baden, Amalie von 8–9, 13, 15, 17, 34, 42, 44, 53
Baden, Augusta Sibylla von 10
Baden, Friedrich von 42
Baden, Karl von 37
Baden, Karl Friedrich von 35, 42–43
Baden, Karl Leopold Friedrich von 43
Baden, Karl Ludwig Friedrich von 42, 45
Baden, Karl Ludwig von 8–9, 13, 15, 42
Baden, Karoline Luise von 9, 43
Baden, Ludwig Wilhelm August von 42
Baden, Wilhelm von 9
Balestra, Vincenzo 27
Bayern, Ludwig von 31, 40
Beauharnais, Stéphanie de 37, 41, 42
Becker, Philipp Jakob 15–16, 24
Beethoven, Ludwig van 53
Biedenfeld, Ferdinand Leopold Karl von 48
Blumenbach, Johann Friedrich 22
Boeckmann, Karl Wilhelm 48
Boisserée, Sulpiz 21, 24, 47–48
Bonaparte, Napoleon 33, 37, 42
Bootz, August 54
Boucher, François 15
Brun, Friederike 31

Canova, Antonio 31, 33, 39
Choiseul-Gouffier, Marie-Gabriel-Florent-Auguste de 30
Clarke, Edward Daniel 30–31
Cellini, Benvenuto 24
Coudres, Ludwig des 15
Cuvillés d.Ä., François de 35

Diderot, Denis 8
Dolgorouki, Ivan Mikhaïlovitch (?) 31
Doxie, Jakob 53–54

Eckermann, Johann Peter 13

Edelsheim, Ludwig von 15, 33
Eichendorff, Joseph von 23
Elgin, Thomas Bruce 26–29, 31–34, 49–50, 55
England, Charlotte von 32
England, George IV. von 32

Fauvel, Louis-François-Sebastien 30
Feigler, Johann Christian 13
Fernow, Carl Ludwig 21, 24, 31, 39
Flaxman, John 33, 45
Fouché, Joseph 33
Frey, Johann Georg 22, 32
Frye, Johann Georg siehe Frey
Fuchs, Johanna 37

Gall, Franz Joseph 38
Geyer von Geyersberg, Luise Karoline siehe Hochberg
Ghiberti, Lorenzo 24
Gmelin, Karl Christian 32, 48–49
Gmelin, Wilhelm Friedrich 32, 39
Goethe, Johann Wolfgang 12–13, 18, 24, 29, 37–38, 48–50, 52, 55

Hackert, Philipp 16
Haldenwang, Christian 48
Hamilton, William Richard 26, 31, 34
Hartleben, Theodor 42
Hausenstein, Wilhelm 45, 55
Hauser, Kaspar 42
Hauwiller, Joseph Wolfgang 9
Haydon, Benjamin Robert 33
Hebel, Johann Peter 37, 48, 50
Hegel, Georg Friedrich Wilhelm 34
Herder, Johann Gottfried 6
Heß, Ludwig 20
Hessen-Darmstadt, Amalie von siehe Baden
Hessen-Darmstadt, Karoline von 8
Hessen-Darmstadt, Wilhelmine von 8
Hochberg, Luise Karoline von 43
Hochberg, Karl Leopold Friedrich von siehe Baden
Hochberg, Wilhelm von 43
Hölderlin, Friedrich 29
Homer 24, 44
Humboldt, Wilhelm von 18, 55

Hummel, Johann Erdmann 20
Hunt, Philip 29, 31

Ittar, Sebastian 27, 34

Jagemann, Karoline 52
Jagemann, Ferdinand 40, 52

Kauffmann, Angelika 24
Keller, Heinrich 20, 23–24
Kessler, Harry 37
Klinsky, Johann Gottfried 21
Klose, August 50, 53
Kobell, Franz 16
Koch, Joseph Anton 15, 20, 24, 40, 51
Kügelgen, Wilhelm von 15
Kunz, Karl 36, 48
Lavater, Johann Caspar 11–13, 38
Ledus, Bernardino 27
Leopold, Johann Christian 11
Lichtenberg, Georg Christoph 12
Liechtenstein, Franz Joseph von 49
Liechtenstein, Wenzel von 49
Lobkowitz, Johann Georg Christian von 49
Lotsch, Johann Christian 51, 54
Lusieri, Giovanni Battista 27, 29, 30–31
Lux, Johann Jakob 14

Meißner, Eduard 41
Melling, Joseph 14–15
Mengs, Raphael 15
Meyer, Johann Heinrich 24
Michelangelo 24, 54
Mozart, Wolfgang Amadeus 49
Müller, Friedrich 40
Münster, Ernst Friedrich Herbert zu 21

Nisbet, Mary 27, 32–33

Overbeck, Friedrich 40

Pascal, Blaise 7
Perikles 29
Pfaff, Christoph Heinrich 23

Pfenninger, Johannes 20
Phidias 29–30
Preußen, Friedrich II. von 8

Raphael (Raffael) 24, 46
Reinhard, Wilhelm 53
Reinhart, Johann Christian 20–21, 39–40, 51
Rempp, Wilhelm 53–54
Rempp Frau des vorigen 53–54
Richter, Ludwig 15, 51
Riepenhausen, Franz 40
Riepenhausen, Johannes 40
Rohden, Johann Martin von 24, 40, 51
Rösler, Franz 20
Rosati, Vincenzo 27
Rose, Heinrich 21
Rousseau, Jean Jacques 6
Russland, Katharina I. von 7–8
Russland, Paul von 8
Russland, Peter III. von 7

Sachsen-Weimar, Karl August von 52
Sandhaas, Karl 45
Scheffel, Joseph Victor 51
Schiller, Friedrich 29, 55
Schinkel, Friedrich 47
Seume, Johann Gottfried 9, 39
Shakespeare, William 51
Sinner, Anton 53
Soliman, Angelo 49
Staël, Germaine de 7

Talleyrand, Charles Maurice 33
Thoma, Hans 15
Thorvaldsen, Bertel 26, 31, 40, 51
Tischbein, Johann Heinrich Wilhelm 24
Turner, William 27

Uexküll-Gyllenband, August Heinrich von 41
Uexküll-Gyllenband, Friedrich Emich von 41

Veit, Philipp 51
Verschaffelt, Peter 16
Vierordt, Heinrich 16–17, 54–55

Weber, Karl Julius 6
Wedgwood, Josiah 45
Weinbrenner, Friedrich 14, 20–22, 24, 32–33, 35, 37, 39, 41,
   45, 48, 50–51, 53–54
Werner, Zacharias 40–41
Winckelmann, Johann Joachim 29

Zedler, Johann Heinrich 6
Zeyher, Johann Michael 47
Zoll, Franz Joseph 45

ZU DEN BILDERN

S. 4: Selbstporträt, Kopf im Halbprofil nach links; Radierung. – Das relativ kleine Bild (10,5 x 9,3 cm) überzeugt umso mehr durch die Meisterschaft, mit der Kleidung, Haar- und Barttracht behandelt sind; die ethnischen Merkmale treten deutlich hervor. Der skeptische Blick hält den Betrachter auf Distanz. Feodor hat sich selber mehrfach porträtiert. – Velte Nr.2 A. – *Staatliche Kunsthalle Karlsruhe, Inv.-Nr.1938-258 II 1574*

S. 10: Porträt des jungen Feodor mit chinesischem Zopf. – Einen solchen Zopf trugen die chinesischen Knaben und Männer bis zum Ende der Kaiserzeit. – *Lavater Bd. 4, S.312.*

S. 19: Johann Erdmann Hummel, Kniestück nach links; Bleistift. – Der Dargestellte war ein deutscher, aus Kassel stammender Maler (1769–1852); von 1792 bis 1799 lebte er in Italien, wo Feodor ihn, wie viele andere, kennenlernte. – Velte Nr.18. – *Staatliche Kunsthalle Karlsruhe; Inv.-Nr.1959-2*

S. 25: Kreuzabnahme nach (einem verschollenen Elfenbeinrelief von) Michelangelo; Kupferstich. – Hier wie andernorts hat Feodor alle ihm zur Verfügung stehenden graphischen Techniken (Zeichnung, Schraffierung, Punktierung) eingesetzt, um die Wirkung des plastischen Originals zu veranschaulichen. – Velte Nr.38 C. – *Staatliche Kunsthalle Karlsruhe; Inv.-Nr.1373*

S. 28: Parthenon, Südmetope II. – Die Zeichnung zeigt einen Lapithen, der einen Kentauren, der nach Luft schnappt, am Hals und am Bart packt und niederringt; der von ihm angewandte Griff gehörte zum Repertoire der griechischen Ringkämpfer. Wie ein Vergleich mit dem nach London gelangten Original (Abb. in: Jenkins, Parthenon Sculptures, S.70) zeigt, hat Feodor den stark beschädigten Kopf des Kentauren geschickt ergänzt. Der Lapithe weist ein Loch anstelle des Penis auf, da dieser, wie üblich, separat angefertigt und dann eingesetzt worden war, aber im Lauf der Zeit verlorenging. – Velte Nr.76. – *British Museum London – ©The Trustees of the British Museum*

S. 34: Parthenon, Ostgiebel. – In den von Sebastian Ittar gefertigten Aufriss hat Feodor die Giebelfiguren mit brauner, die Metopen (jeweils im Format 3,5 x 3,5 cm) mit schwarzer Tinte eingezeichnet. (Das ganze Blatt misst 65 x 120 cm.) – Velte Nr.122 A. – *British Museum London – ©The Trustees of the British Museum*

S. 36: Friedrich Weinbrenner, Brustbild im Halbprofil nach rechts; Kupferstich. – Feodor hat seinen besten Freund mehr als zehn Mal porträtiert, dreimal sogar in Öl, davon wiederum einmal im Kreis seiner Familie. – Velte Nr.9. – *Staatliche Kunsthalle Karlsruhe; Inv.-Nr.1936-1*

S. 38: Johann Peter Hebel, Kopf im Halbprofil nach rechts; schwarze Kreide, weiß gehöht. – Ein nahezu lebensgroßes (39 x 31 cm), dabei überaus fein ausgeführtes Porträt des badischen Dichters, wohl zwischen 1810 und 1815 entstanden und ursprünglich in Weinbrenners Besitz. Seltsamerweise hat Hebel den Maler auch in seiner ausgebreiteten Korrespondenz nirgends erwähnt; dass er überdies die bildnerische Ausstattung der evangelischen Stadtkirche bestimmt habe, wurde zwar gelegentlich behauptet, aber nicht belegt. – Velte Nr.13. – *Universitätsbibliothek Basel*

S. 39: Förster Bachmeyer, Kopf im Halbprofil nach rechts; schwarze Kreide, weiß gehöht. Über den Dargestellten ist sonst nichts bekannt. – Velte Nr.15. – *Staatliche Kunsthalle Karlsruhe; Inv.-Nr.1956-12*

S. 43: Bacchanal; Bleistift und Tuschfeder. (Beschreibung im Text.) – Velte Nr.150. – *Staatliche Kunsthalle Karlsruhe; Inv.-Nr.1716*

S. 44: David spielt vor Saul; schwarze Kreide, Tuschfeder, braun laviert, weiß gehöht. – Die Bibel (1 Sam 16, 14–23) berichtet, dass Saul von einem bösen Geist besessen war, der nur dann von ihm wich, wenn David ihm auf der Zither vorspielte. – Velte Nr.161. – *Staatliche Kunsthalle Karlsruhe; Inv.-Nr.VIII 1716*

S. 45: Evangelist Lukas; Grisaille. (Beschreibung im Text.) – Velte Nr.134. – *Landesamt für Denkmalpflege im RP Stuttgart, Fotoarchiv Karlsruhe; Neg.Nr.956/8*

S. 46: Anbetung der Könige; Grisaille. (Beschreibung im Text.) – Velte Nr.126. – *Landesamt für Denkmalpflege im RP Stuttgart, Fotoarchiv Karlsruhe; Neg.Nr.16605*

S. 47: Hochzeit zu Kanaan; Grisaille. (Beschreibung im Text.) – Velte Nr.129. – *Landesamt für Denkmalpflege im RP Stuttgart, Fotoarchiv Karlsruhe; Neg.Nr.16611*

Das Gemälde von Joseph Wolfgang Hauwiller, das die Erbprinzessin Amalie mit dem jungen Feodor zeigt (Beschreibung im Text), befindet sich im Besitz des Grafen Douglas auf Schloss Langenstein. – Abb. in: Kircher, a.a.O. S.463.

Der Verfasser dankt der Staatlichen Kunsthalle Karlsruhe (Prof. Dr. Pia Müller-Tamm, Dr. Astrid Reuter, Dr. Michaela Engelstätter), dem Landesamt für Denkmalpflege im Regierungspräsidium Stuttgart (Angelika Scholl), der Universitätsbibliothek Basel (Renate Würsch) und dem British Museum London (Parveen Sodhi) für ihre Hilfe bei der Beschaffung der Bildvorlagen.

ANHANG: DIE WERKE

Die folgende Liste soll lediglich einen Eindruck vom Umfang, den Themen und Techniken des überlieferten Werks vermitteln; sie folgt dem von Velte erstellten Katalog, der auch Maße, Materialien, ikonographische Details sowie die Fundorte verzeichnet. Die Titel wurden übernommen, jedoch gelegentlich vereinheitlicht und verkürzt.

Porträts
001–004: Selbstporträts (Z,L,R)
005: Die Kinder des Großherzogs Karl Friedrich von Baden und seiner zweiten Gemahlin (G)
006: Leopold Graf von Hochberg (Z)
007: Friedrich Weinbrenner mit Schwiegervater und Frau (Z)
008–011: Friedrich Weinbrenner (Z,K,G)
012: Friedrich Weinbrenner im Kreis seiner Familie (G)
013: Johann Peter Hebel (Z)
014: Johannes Pfenninger (R)
015: Förster Bachmeyer (Z)
016: Unbekannter junger Mann (R)
017: Hans Caspar Escher in Rom (Z)
018: Johann Erdmann Hummel (Z)

Skizzen
019: Friedrich Weinbrenner in Rom, auf der Leiter tanzend (Z)
020: Friedrich Weinbrenner, Flöte spielend (Z)
021: Friedrich Weinbrenner, seinen Fürsten komplimentierend (Z)
022: Hans Caspar Escher als Jäger (Z)
023: Friedrich Weinbrenner beim Entwerfen (Z)
024: Wirtshausszene mit Friedrich Weinbrenner (Z)
025: The Casiot-Master (K)

Kopien nach römischen Werken
026: Tabula iliaca (R)
027: Adler zerreisst Hasen (R)
028: Adler und Vierfüßler (R)
029: Adler mit Jungen (R)
030: Ganymed tränkt den Adler (R)
031: Theseus tötet den Minotaurus (R)
032: Victoria (R)
033: Ganymed wird vom Adler entführt (R)
034: Trunkener Silen und Satyr (R)
035: Bacchus und Ariadne (R)

036: Saturn und Rhea (R)

Kopien nach späteren Werken
037: Paradies-Tür nach Ghiberti (K, 12 Bl.)
038: Kreuzabnahme nach Michelangelo (K)
039: Jüngstes Gericht nach Michelangelo (K)

Kopien nach griechischen Werken
040: Hippolytos-Sarkophag in Agrigent (Z)
041–042: Parthenon (Z)
043–053: Lysikratesdenkmal (Z)
054–063: Theseustempel (Z)
064–067: Niketempel (Z)
068–124: Parthenon (Z)

Evangelische Stadtkirche Karlsruhe
125: Mariae Verkündigung und Anbetung der Hirten (G)
126: Anbetung der Könige (G)
127: Jesus bei den Schriftgelehrten im Tempel (G)
128: Taufe im Jordan (G)
129: Hochzeit zu Kanaan (G)
130: Jesus, im Schiff predigend (G)
131: ‚Lasset die Kindlein zu mir kommen' (G)
132: Evangelist Matthäus (G)
133: Evangelist Markus (G)
134: Evangelist Lukas (G)
135: Evangelist Johannes (G)

Badischer Hof Karlsruhe
136: Bacchanal (G)

Museumsgebäude Karlsruhe
137: Apotheose Homers (G)

Allegorien
138: Auf den Tod des Erbprinzen von Baden (Z)
139: Auf den Dank der Stadt Karlsruhe an Kaiser Alexander (Z)
140: Auf eine Eheschließung (Z)
141: Sitzende Germania (Z)

Illustrationen zur Illias
142–143: Hektor und Paris im Gemach der Helena (Z)
144: Priamos erfleht von Achill den Leichnam Hektors (Z)
145: Helena und Priamos auf den Mauern Trojas (Z)

Mythologische Szenen
146: Ajax und Kassandra (Z)
147–148: Hephaistos, Merkur und Pandora (Z)
149: Triumph der Galatea (Z)
150: Bacchanal (Z)
151: Herakles und Omphale (Z)

152:      Herakles und Kerberos (Z)
153–154: Perseus und Andromeda (Z)
155:      Achill wird Chiron zur Erziehung übergeben (Z)
155a: Chiron unterrichtet Apoll im Bogenschießen (K)
156:      Daidalos und Ikaros im Flug (Z)
157:      Daidalos und Ikaros beim Anlegen der Flügel (Z)
158:      Kampf der Lapithen und Kentauren (Z)
159:      Alexander der Große und Diogenes (Z)
160:      Mars und Venus (Z)

Biblische Szenen
161:      David spielt vor Saul (Z)
162:      Verstoßung der Hagar (Z)
163–164: Der Engel tröstet Hagar (Z)
165–166: Joseph, Träume deutend, im Gefängnis (Z)
167–168: Hl. Familie, hl. Elisabeth und hl. Johannes (Z)

Landschaft
169:      Gewitterlandschaft mit Staffage (Z + Gouache)

Figur
170:      Athena (Z)

Entwurf einer Verdienstmedaille
171:      Greif mit Schwert (Z)

Skizze
172:      Mann mit Leine (Z)

Werke, die Feodor zugeschrieben werden können
172–178

Werke, die erwähnt, aber weder im Original noch anderweitig überliefert wurden
179–209

G = Gemälde
K = Kupferstich
L = Lithographie
R = Radierung
Z = Zeichnung (Bleistift, Feder, Kreide, Rötel; z.T. laviert)

Werke von Feodor befinden sich in Basel (Kunstmuseum, Universitätsbibliothek), Berlin (Nationalgalerie), Bremen (Kunsthalle), Donaueschingen (Fürstlich Fürstenbergische Sammlungen), Hamburg (Kunsthalle), Karlsruhe (Generallandesarchiv, Städtische Sammlungen, Staatliche Kunsthalle), Kopenhagen (Thorvaldsen-Museum), London (British Museum, Victoria & Albert Museum), Marbach (Schiller-Nationalmuseum), Moskau (Puschkin-Museum), Philadelphia (Museum of Art), Sankt Petersburg (Ermitage, Russisches Museum), Stuttgart (Staatsgalerie), Wien (Graphische Sammlung Albertina), Zürich (ETH, Kunsthaus) und vereinzelt in Privatbesitz.

Neben dem British Museum in London, das die sogenannten ‚Elgin Drawings' hütet, verwahrt die Staatliche Kunsthalle in Karlsruhe den größten und zugleich vielfältigsten Bestand.

AUTOR.VITA

Johannes Werner wurde 1947 in Rastatt geboren, studierte Germanistik und Anglistik in Freiburg, Dublin und Göttingen und promovierte 1976 über ein literatursoziologisches Thema. Er veröffentlichte über 400 Aufsätze in in- und ausländischen Fachzeitschriften (z.T. auch in englischen, spanischen und polnischen Übersetzungen), Buchbeiträge und Bücher, z.B. *Kunstform und Gesellschaftsform. Materialien zu einer soziologischen Ästhetik* (1979), *Die Passion des armen Mannes. Soziale Motive in der spätmittelalterlichen Kunst am Oberrhein* (1980), *‚Du Müller, du Mahler, du Mörder, du Dieb'. Berufsbilder in der deutschen Literatur* (1990), *Wilhelm Hausenstein. Ein Lebenslauf* (2005), *Würmersheim. Ein badisches Dorf im Wandel der Zeit* (2008) *und Steinmauern. Dorf an Murg und Rhein* (2011), *Vater Ambros Oschwald. Ein Leben als Priester, Heiler, Seher und Gründer in Baden und in Amerika* (2014); als Herausgeber: *Vom mönchischen Leben. Geschichte einer Sehnsucht* (1992), *Vom Geheimnis der alltäglichen Dinge. Gedanken, Betrachtungen und Erfahrungen (1998)*, *Conrad Gröber, Römisches Tagebuch* (2012), *Wilhelm-Hausenstein-Lesebuch* (2013), *Paul Oskar Höcker, Kinderzeit. Erinnerungen aus Karlsruhe* (2014). Er ist Gründungsmitglied und war bis 2014 Erster Vorsitzender der Wilhelm-Hausenstein-Gesellschaft.